デザインのデザイン

原研哉

일러두기

외래어는 국립국어원의 외래어 표기법에 따라 표기했다. 다만 하라 켄야는 예외로 한다.

디자인의 디자인
デザインのデザイン

2007년 2월 27일 초판 발행 · 2025년 11월 3일 28쇄 발행 · **지은이** 하라 켄야 · **옮긴이** 민병걸
펴낸이 안미르, 안마노, 오진경 · **편집장** 구민정 · **기획·진행·아트디렉션** 문지숙 · **편집** 신혜정, 고연주
디자인 황보영 · **마케팅** 김채린 · **매니저** 박미영 · **제작** 금강인쇄 · **글꼴** SM3 신신명조, Times New Roman

안그라픽스

주소 10881 경기도 파주시 회동길 125-15 · **전화** 031.955.7755 · **팩스** 031.955.7744
이메일 agbook@ag.co.kr · **웹사이트** www.agbook.co.kr · **등록번호** 제2-236 (1975.7.7)

ISBN 978.89.7059.302.9 (03600)

디자인의 디자인

하라 켄야

민병걸 옮김

안그라픽스

머리말

이 책『디자인의 디자인』을 쓰면서, 디자인을 말이나 글로 설명하는 것이야말로 또 하나의 디자인임을 알게 되었다.

무엇인가를 안다는 것은, 그것에 대해 정의하거나 상세히 적을 수 있다는 뜻이 아니다. 때로는 아주 잘 알고 있다고 생각하는 대상을 전혀 모르는 것으로 가정하고, 그 실체에 도전해보는 것이 대상을 조금이라도 더 깊이 인식하게 해준다. 예를 들어, 앞에 컵이 하나 있다고 하자. 당신은 이 컵에 대해 알고 있을지도 모른다. 그러나 만약 '컵을 디자인해주시오.'라고 부탁받았다면 어떻게 할 것인가. 디자인해야만 하는 대상으로서의 컵이 당신에게 주어지자마자, '어떤 컵을 만들 것인가?'라는 생각이 들면서 컵에 대해 잘 알 수 없는 상태가 된다. 더구나 컵에서 접시까지, 미묘한 정도로 조금씩 깊이가 다른 수십 개 이상의 유리그릇 형태가 눈앞에 일렬로 떠오른다. 점층적으로 약간씩 모양이 변하는 그 용기들 중에서, 어디부터가 컵이고 어디부터가 접시인지? 그 경계를 정하라고 한다면 당신은 어떻게 할 것인가? 다양한 깊이의 유리그릇 앞에서 당황하고 말 것이다. 이렇게 당신은 컵에 대해 더욱 알 수 없는 상태가 된다.

그러나 컵에 대해 알 수 없는 상태가 되었다고 해서 이전보다
컵에 대한 인식이 후퇴했다고 할 수는 없다. 아니 그 반대일 것이다.
무엇도 의식하지 않은 채 그것을 그냥 '컵'이라고 불렀던 때보다도
한층 주의 깊게 그것에 대하여 생각해보게 되었다. 더 '현실적인
존재로서의 컵'을 알 수 있게 된 것이다.

책상 위에 가볍게 턱을 괴어보는 것만으로 세계가 다르게 보인다.
사물을 보고 느끼는 방법은 무수히 많다. 그 수없이 많은 보고 느끼는
방법을 일상의 물건이나 커뮤니케이션에 의식적으로 반영해가는
것이 바로 디자인이다.

이 책을 읽고 디자인이라는 것을 잘 알지 못하게 되었다고 해도
디자인에 대한 인식이나 이해가 이전에 비해 후퇴했다고 할 수는 없다.
오히려 그것은 디자인의 깊은 세계에 한 발짝 더 들여놓았다는
증거이다.

제1장 디자인이란 무엇인가

비명에 귀를 기울인다

도대체 디자인이란 무엇인가? 이것은 내 직업에 대한 기본적인
물음이기도 하며 이 물음에 어떻게든 답하기 위해 디자이너로서의
하루하루를 보내고 있다. 21세기를 맞이한 지금, 테크놀로지의
발달로 세계는 큰 변혁의 소용돌이 한가운데에 있으며,
제품 생산이나 커뮤니케이션에 대한 가치관이 흔들리고 있다.
테크놀로지가 세계를 새로운 구조로 재편하려고 할 때, 지금까지의
생활 환경에 축적되어 있던 미적인 가치는 가끔 희생되기도 한다.
세상이 기술과 경제를 이끌고 막무가내로 앞으로만 나아가려고
하는 바람에, 종종 생활 속의 미의식은 그 급격한 변화를
참지 못하고 비명을 지르게 된다. 이런 상황 속에서는 시대가
나아가려는 방향으로 눈길을 향하기보다 오히려 그러한
비명에 귀를 기울이거나, 그 변화 가운데서 사라져 가는 섬세한
가치들에 눈을 돌리는 것이 더욱 중요하지 않을까. 최근에는
그렇게 느낄 때가 많고 그런 생각은 나날이 강해지고 있다.

　　시대를 계속해서 앞으로 나아가게 하는 것만이 반드시
진보라고 할 수는 없다. 우리는 미래와 과거의 좁은 틈 사이에
서 있다. 창조적인 일들의 실마리는, 사회 전체가 바라보는

그 시선들 앞에 존재하는 것이 아니라 어쩌면 사회의 배후로부터 통찰하는 듯한 시선의 연장에서 발견되는 것이 아닐까. 우리 앞에는 미래가 있지만, 배후에도 유구한 역사가 창조의 자원으로서 축적되어 있다. 이 두 가지가 서로 순환하는 발상의 역동성이 크리에이티브가 아닐까.

디자인이란 물건을 만들거나 커뮤니케이션을 통해 우리가 살아가는 세계를 생생하게 인식하는 것이며, 뛰어난 인식이나 발견은 생명을 지니고 생활을 영위하는 인간으로서의 기쁨과 긍지를 갖게 해준다. 이 졸저에서 소개하는 몇 가지 디자인 프로젝트는 그런 생각에서 나 나름대로의 실험이다. 어쩌면 나 자신의 경험을 이야기하는 것은 아름다운 디자인을 논하는 것과는 거리가 있을지도 모르지만 행위로서의 디자인을 언어화하는 것도 사회와 마주하는 디자인 행위의 하나로 생각한다.

그러면 지금부터 이야기하려는 몇 가지 디자인 프로젝트에 앞서, 디자인 개념의 발생으로부터 오늘날에 이를 때까지의 흐름을 몇몇 획기적인 사건들을 통하여 반추하려 한다. 자신의 생활과 디자인을 잘 살펴보고 역사의 흐름 속에서 또 다른 전망을 확인해 두고 싶기 때문이다. 역사를 자세히 짚어 볼 작정은 아니지만 크로키를 하듯 큰 맥락만이라도 그려 보고자 한다.

디자인의 발생

우선 디자인 개념의 발생으로 되돌아가 보자. 미술사학자 니콜라우스 페브스너Nikolaus Pevsner가 그의 저서『모던 디자인의 선구자들: 윌리엄 모리스에서 발터 그로피우스까지Pioneers of Modern Design: From William Morris to Walter Gropius』에 소개한 것처럼, 디자인의 발생은 사회사상가인 존 러스킨John Ruskin과 사회사상가인 동시에 예술운동가이기도 했던 윌리엄 모리스William Morris의 사상을 원류로 생각하고 있다. 그 원류를 따라가면 150여 년 전으로 거슬러 올라간다.

19세기 중반의 영국은 산업혁명으로 나타난 기계 생산에 의해 활기에 차 있었다. 그렇지만 산업혁명 초기 '서툰 손'이라고 할 수 있는 기계로 생산된 제품은 왕조 장식의 자취가 깃든 각종 가구를 흉내 낸 것들이어서 전혀 만족할 만한 조형물이 되지 못했다. 1851년 런던만국박람회의 자료를 훑어보면 그 상황을 상상할 수 있다. 수공예를 통해 아주 오랫동안 갈고닦여 내려온 '형태'가 기계에 의해 천박하게 해석되고 왜곡되어 빠른 속도로 대량 생산되었다. 그런 상황을 눈앞에 맞이한 순간 자신의 생활과 문화에 대해 애착을 가진 사람들은 무엇인가 잃어버린 것 같은 위기감과 함께 미의식의 파괴를 느끼게 된다. 기계로 생산된 조잡한 제품들이 유럽의 섬세한 전통문화에 아무런 저항 없이 받아들여질 수는 없었다. 결과적으로는 수공예를 통해 성장해온 문화와 그 배경이 되는 감수성이 오히려 밖으로 드러나는 계기가 되었다. 사물의 주변에서 숨 쉬고 있던 섬세한 감수성을 짓밟고 나아가려던 기계 생산에 대해 '못 참겠다!'라고 거친 기세로 이의를 제기했던 대표적 인물이 러스킨과 모리스였다. 그들의 활동은, 난폭하고 성급한 당시의 변화에 대한 경종과 야유였다. 다시 말해 생활 환경을 급격하게 변화시키는 산업의 구조 안에 감추어진 둔감함과 미숙함에 대한 미적 감수성의 반발, 이것이 바로 '디자인'이라는 사상思想 또는 사고방식의 발단이 된 것이다.

그러나 대량 생산, 대량 소비를 향해 달려가는 기계 생산 시스템은 되돌릴 수가 없었다. 약간의 미의식과 지성이 그에 대한 반론의 소리를 높인다 해도 산업혁명을 통해 앞으로 나아가기 시작한 생산과 소비의 폭발은 결코 억누르거나 멈출 수 있는 것이 아니었다. 러스킨의 저작과 강연 그리고 모리스의 미술공예운동은 기계 생산의 폐해를 냉엄하게 비판하고 장인의 기술을 옹호하여 부흥시키자는 반근대적인 경향이 뚜렷한 주장이었기 때문에 결과적으로는 시류에 반영되지 못하고 사회의 변혁을 제지할 힘을 얻지 못했다. 그러나 그 바탕에 있는 생각, 무엇인가를 만드는 것과 생활의 관계 속에 즐거움을 만들어내는 원천이 존재한다는 감성과 발상은 디자인이라는 사상의 기원이 되어 그 후 디자인 운동가들의 지지를 얻었고 곧 사회에 커다란 영향을 주게 된다.

물론 우리가 그 시대를 직접 경험한 것은 아니지만, 보존된 자료들에서 그 편린片鱗을 찾아볼 수 있다. 모리스가 주창한 미술공예운동의 일환인 서적 디자인과 벽지 문양 등 그의 메시지가 선명하게 느껴지는 자료가 많이 남아 있다. 그것들을 살펴보고 있노라면 메이지 시대 위인의 기개를 직접 접하는 것 같은 진한 두려움을 느낀다. 그럴듯한 논리가 아닌 구체적인 제작물을 통하여 서투른 기계 생산이 만들어낸 얼빠진 조형물에 대해 반대의 기치를 들었던 그 의기충천했던 몸짓은, 오늘을 사는 디자이너의 감각을 움츠러들게 할 정도의 치열함을 느끼게 하며 압도될 만큼 아름답다. 뭔가 꾸지람을 받은 기분조차 든다. 그 치열했던 기개가 '디자인'이라는 개념에 숨을 불어넣은 것이 틀림없다.

어떻게 보면 기계 생산에 의해 품질이 악화되는 부정적인 사회 상황이 배경이 되어 나타난 사상인데 단순히 러스킨과 모리스가 만들어낸 사상이라고 단정할 수도 없다. 어쩌면 시민 사회의 성숙과 더불어 예술과는 다른 감수성, 즉 '최적의 물건이나 환경을 만들어내는 즐거움과 그것을 생활에서 사용하는 즐거움'이라는 지하 수맥이 19세기 중반의 시민 사회 속으로 고여 들고 있었을 것이다. 기계 생산된 조잡한 일용품의 등장을 계기로 이러한 의식이 사회의 표면으로 분출되었다. 러스킨과 모리스의 움직임은 그 상징일 것이다.

어찌 되었든 기계 생산의 난폭한 확산으로 생활의 섬세한 미의식은 아픔을 겪었다. 그것이 방아쇠가 되어 디자인이라는 사고방식과 감성이 사회에 나타나게 되었다. 오늘날, 정보 기술의 발달에 따라 생활 환경에 여러 새로운 변화가 나타나는 상황에서,

디자인의 탄생 배경과 당시의 시대적 행동을 다시 한 번 주목할
필요가 있다. 디자인이 러스킨과 모리스의 시대를 다시 바라보게
했던 것처럼, 새로운 시대에 발생한 상처뿐 아니라 그 사상과
감성의 뿌리를 다시 잘 살펴봐야 하는 시기에 와 있는 것은 아닐까.

디자인의 통합

'디자인'이라는 개념을 이야기할 때 항상 따라다니는 중요한
사건으로서, 디자이너들에게 커다란 위치를 차지해온 것이
있다. 바우하우스Bauhaus의 활동이 바로 그것이다. 바우하우스는
1919년 독일 바이마르에 창설된 조형 교육 기관으로, 그와
관련한 일련의 움직임을 이르는 말이기도 하다. 나치의 탄압으로
1933년에 폐교될 때까지의 기간은 겨우 14년이었으며 가장
왕성했던 시기에도 몇 안 되는 교사와 200명 정도에 불과한
학생들로 운영되었던 작은 학교였으나 이곳에서 형성된 '디자인'
개념은 확실한 방향을 제시하였다. 이곳에서는 벌써 기계 생산을
긍정적으로 받아들이고 있었고 20세기 첫머리에 일어났던 다양한
예술 운동으로 만들어진 여러 조형 개념을 재정리했다.

　　러스킨, 모리스에서 바우하우스까지 끊임없이 밀려드는
신예술 운동의 폭풍이 세계를 석권하고 있었다. 큐비즘, 아르누보,
시세션, 미래파, 다다이즘, 더스테일 스타일, 구성주의, 절대주의,

모더니즘 등 국가와 지역 혹은 이데올로기에 따라서 그 명칭이나 표현 방식은 다르지만, 한마디로 말해 과거의 형식과 결별하기 위하여 그것들을 한꺼번에 철저히 해체해나가자는 과격하고 열성적인 시행착오가 유럽의 각 지역과 예술 영역 전반에서 일어났다. 그때까지의 장식 예술 역사에 축적되어온 다양한 조형 언어, 즉 장식의 스타일이나 인위적 기교 그리고 귀족적 취미로서의 성격 등은 이 해체 작업에서 벗어날 수 없었고 그러한 해체 작업 결과 기존의 조형과 예술의 제반 영역이 '영양 넘치는 쓰레기 더미'가 되었다.

더욱 철저한 사상과 에너지로 이 영양 넘치는 쓰레기 더미를 검증하고 분해하여 사고思考라는 강력한 절구에 넣어 곱게 다지고 체로 걸러내어 정리한 것이 바우하우스이다. 조형과 관련된 모든 요소를 여기서 일단 감각적, 사색적으로 검증하였고 '제로' 지점으로 환원해갔다. 그리고 더 이상 걸러낼 수 없는 요소로 남은 것이 색채, 형태, 텍스처, 소재, 리듬, 공간, 운동, 점, 선, 면 등과 같은 조형의 기본 요소들이다. 바우하우스는 이들 요소를 수술대 위에 깨끗하게 정돈한 뒤 이제부터 새로운 시대의 조형을 시작하자고 소리 높여 선언함으로써 새로운 조형 운동으로 한 발을 내디뎠다.

물론 이런 식의 비유로 바우하우스를 한마디로 이야기하는 것이 얼마나 무모한지는 잘 안다. 바우하우스는 많은 사람들의 '활동'이었으며, 하나의 사상으로 표현하기에는 무리가 있다.

제반 예술을 통합시키고자 바우하우스를 구상한 발터 그로피우스,
신비주의적인 사상 경향을 갖고 있었던 요하네스 이텐Johannes
Itten, 정밀한 조형 이론으로 바우하우스 활동에 명확한 지표를
제시했던 한네스 마이어Hannes Meyer, 환원된 기본 조형 요소를
기초로 삼아 신시대의 조형을 강렬하게 전개했던 라슬로
모호이너지László Moholy-Nagy, 형태를 만들어가는 과정을 '생生'의
문제로 보고 생명이 있는 것들이 형태를 이루는 힘의 원천을
탐구했던 파울 클레Paul Klee와 바실리 칸딘스키Wassily Kandinsky,
'바우하우스라는 무대'를 중심으로 비일상의 모더니즘을 전개했던
오스카 슐레머Oskar Schlemmer 등 살펴보면 볼수록 그 속에서 다양한
개성을 발견할 수 있다. 그런 다채로운 인재가 한곳에 모여 활동한
결과가 바우하우스이며, 만약 이것을 더욱 세밀하고 미시적으로
탐색한다면 그곳에서 무한의 사색을 이끌어낼 것이 분명하다.
다만 21세기라는 현재 시점에서 그 활동의 총체를 바라본다면,
그 빛나는 별들의 집합은 성운의 소용돌이처럼 보일 것이다.
역사는 가끔 면밀하게 살펴보지 않으면 그 본질을 놓칠 수도
있지만, 여기서는 바우하우스를 멀리 있는 은하계처럼 생각하고
파악하고자 한다.

즉 모더니즘이라는 틀 속에서 바우하우스를 계기로
디자인이라는 개념이 매우 순수한 형태로 성숙해나갔다.

20세기 후반의 디자인

존 러스킨과 윌리엄 모리스가 씨를 뿌리고 20세기 초기의
예술 운동이 밭을 갈아 놓은 결과로서 디자인은 독일 땅에서
바우하우스라는 작은 떡잎을 피웠다. 이 디자인이 제시하는
사고방식은 아주 넓고 유연한 것이며 사람들이 제품이나
커뮤니케이션을 통하여 생활의 질을 인식한다는 것을 토대로
디자인은 다양한 방향의 문화적 영역으로 널리 가지를 뻗어나갔다.

그러나 디자인이 한창 꽃을 피워 나갈 것으로 예상했던
20세기 후반, 세계는 경제의 힘이 주도하고 디자인도 경제 논리에
이끌려다니게 된다. 러스킨이나 모리스, 바우하우스에 이르기까지
여러 디자인 사상들은 원래부터 그 배경에 약간의 사회주의적인
색채를 지니고 있었다. 러스킨과 모리스는 창조적 활동이 기계
생산과 직결되어 경제에 좌지우지되는 것을 너무나 싫어했으며,
바우하우스의 탄생은 바이마르 사회민주주의 정부의 손에 의해서
이루어졌으므로 이른바 사회민주주의적 풍조가 바우하우스적인
사상을 낳게 했다고도 생각할 수 있다. 말하자면 디자인 개념의
배경에는 적어도 이상주의적인 사회 윤리가 전제되어 있으므로,
디자인 사상이 순수하면 순수할수록 경제 원리의 강력한 자기장
속에서 그 이상을 관철할 힘은 약했다.

경제의 원리는 명백하다. 근대 사회의 구성원을 소비로
이끌어내기 위하여 끊임없이 새로운 제품을 만들어냈고,

그 제품들을 욕망의 대상으로 만들어 유통하기 위해 미디어가
다양하게 발전했으며 광고 커뮤니케이션 역시 착실하게 진화했다.
경제 발전의 흐름 속에 디자인이 그대로 흘러들게 된 것이다.

규격화 및 대량 생산

이를 알기 쉽게 설명하기 위하여 구체적으로 그 상황을
살펴보자. 먼저 제2차 세계대전 후 일본의 제품 디자인은 어떻게
변화했는가? 서구 여러 나라를 시찰하고 돌아온 마쓰시타
고노스케松下幸之助, 파나소닉으로 알려진 마쓰시타 전기의 설립자 가 일본의
공항에 도착하자마자 '앞으로는 디자인의 시대'라고 말했다는데,
이것은 물론 이상주의적인 디자인의 원류에서 기인한 말이 아니다.
고도성장에 대한 욕구로 목마른 전후 일본에서 기회를 살피던
한 기업가의 눈으로 본 디자인의 유용성에 대한 솔직한 한마디다.
경제력으로 세계와 어깨를 나란히 함으로써 풍족한 생활은
실현될 수 있다. 당시의 일본 사회는 그러한 비전을 믿었다.
눈앞에는 성장이 확실히 예견되는 여러 산업과 그 성장을 뒷받침할
근면한 노동자가 있었다. 일본의 제품 디자인이 고도성장과 함께
산업 속에 용해되어 대량 생산의 품질을 지탱할 수 있는 기둥으로
성장해나갈 만한 여건이 마련되어 있었던 것이다.
　　한편, 모더니즘의 영향을 받은 일본은 독자적인 디자인

사상을 모색하고 있었다. 구미의 모더니즘이 일본 문화라는 위장胃腸 속으로 섞여 들어올 때마다 '그럼 일본적인 것은?'이라는 딸꾹질 같은 물음이 일본의 근대 디자인 역사 속에 빈번하게 등장한다. 서양적인 사물이나 사상에 항상 일본의 오리지널을 대치하려는 성향은 메이지 유신 이래 나타난 일본의 문화적 피해 의식이기도 했다. 그러한 상황 속에서 민중의 생활을 바탕으로 만들어진 일상적 공예품에서 일본 제품 디자인의 뿌리를 발견한 '민예民藝'운동은 하나의 사상으로 발전했으며 서양 모더니즘에 대치할 수 있는 독자적 미학이 있었다. 즉 갑작스러운 '계획'이 아니라 생활이라는 '살아 있는 시간의 퇴적'이 필연성에서 비롯된 형태들을 한층 완성시켜 준다는 발상이다. 전통에서 형태를 발견한다는 것은 하나의 사고방식으로서는 설득력이 있었다고 생각되지만 전후의 미국 문화 유입으로 혼란을 겪는 사회 상황에서는 그조차도 정확한 이해를 얻고 있었다고는 말하기 어렵다. 디자인은 생활 속에서 태어나는 감수성이다. 따라서 전후 일본의 생활 문화가 그러한 감수성을 키우려면 구미의 생활 문화를 흡수하고 자신의 것으로 만들어 가는 높은 생활 의식이 먼저 성숙했어야 하지만, 경제 발전을 가속시키는 것에만 열중하던 전후 일본의 경제 문화에서는 결코 쉬운 일이 아니었으리라.

다른 한편으로 전후 일본 디자인 업계의 리더들은 모더니즘을 자신의 감각으로 되살려 일본의 생활 문화에 침투시키기 위하여 개인적으로 활동하거나 때로는 자신의 조직을 움직이며 왕성한 활동을 전개해나갔다. 올림픽이나 박람회는 그러한 움직임에 딱 맞는 동기 부여의 수단으로 활용되었다. 디자이너는 문화의 견인차로서 전시회나 저작을 통하여 사회를 모더니즘으로 각성시키는 역할을 했다. 결과적으로 일본의 디자인은 일정한 부분에서 상당한 수준을 만들어 냈지만 거시적으로 일본 산업의 디자인 품질에 이것이 그대로 반영되었다고 보이지는 않는다. 바로 여기에 일본 디자인의 특수한 양면성이 있다.

일본의 산업 디자인을 자세히 살펴보면 생활 문화 쪽이 아니라 경제라는 목표를 향하고 있다. 전후 괴멸적인 타격에서 다시 일어나 국력의 부흥에 총력을 기울이던 일본의 목표는 경제 부흥이지 생활 의식의 성숙이 아니었다. 맛의 좋고 나쁨을 떠나 배만 부르면 된다는 식이었다. '문화가 아니라 일단은 산업'이라는 일본의 가치 척도는 20세기 후반 전체에 걸쳐 은연중에 힘을 발휘했으며, 오늘날까지도 사회 각 분야에 깊이 뿌리내리고 있다.

오늘날 일본의 제품 디자인을 살펴보면, 일부 예외를 제외하고 대부분은 규격화 및 대량 생산을 전제로 하는 거대 기업적 관점이 배경으로 자리 잡았다. 전후 일본 산업이 세계의 제품 공장으로 변해 버린 상황이 산업 디자인과 문화 디자인을 분단시키고 말았던 것이다. 어떤 영역에서 입구는 두 개이지만 내부가 연결되는 일도 종종 있는데, 이 경우에는 신기하게 그 내부에서도 이어지는 곳이 전혀 없다. 산업 디자인에서 디자이너의 개성은 억제되는 반면 물건을 계획, 생산, 판매하는 기업의 의사와 전략은 정확하게 반영되고 있다. 그것이 긍정적으로 작용하는 경우에는 동시대적인 생활의 요구에 소재나 테크놀로지를 잘 맞춰 만든 합리적인 디자인이 되며, 부정적으로 작용했을 때는 시장에 영합하는 뻔뻔한 디자인이 된다. '재팬 애즈 넘버원Japan As No.1'이라고 평가받았던 일본 기업의 조직력은 디자이너를 기업 내부에 두어 엔지니어링과 디자인의 긴밀한 연계를 실현했고 규격 및 대량 생산을 면밀하게 관리함으로써 좋은 품질로 표준화된 제품을 세계에 선보였다. 한때 전 세계의 신뢰를 얻으며 성공을 이루었던 일본 기업의 제품 디자인에는 이러한 배경이 있었다.

스타일 체인지와 정체성

미국은 과연 어떨까? 제2차 세계대전을 피해 유럽에서 미국으로 건너간 모던 디자인의 선구자들에 의해 그 사상의 일부가 미국으로 전이된다. 발터 그로피우스는 하버드 대학에, 미스 반데어로에Mies van der Rohe는 일리노이 공과 대학에 초빙되었고, 모호이너지는 시카고에 뉴 바우하우스를 설립하여 각각의 디자인 사상을 계승하고 있었다. 건축이나 제품 디자인 영역에서 미국의 약진은 이렇듯 유럽과 바우하우스 사상의 유입에서 비롯되었다.

그러나 사회민주주의적인 바우하우스 사상과는 달리 미국의 디자인은 경제 발전을 지탱하는 마케팅의 일환으로서 더욱 역동적인 색채를 띠고 있었다. 즉 시장 분석이나 경영 전략 등과 긴밀하게 연계되어 매우 실용적인 형태로 진화했다. 미국에서 1930년대에 일어난 '유선형'의 유행은 디자인을 통해 제품의 형태가 차별화되는 계기가 되었다. 그 이후 산업 기술의 진화와 맞물려 맹렬한 속도로 디자인의 차별화가 진행되어 오늘날에도 전 세계에 영향을 끼치며 발전을 거듭하고 있다. 세계 경제를 미국이 주도하고 있기 때문에 이러한 현실적인 디자인관이 유럽이나 일본에까지 영향을 미친다. 미국의 경제가 디자인에 끼친 '사상'은 단적으로 말하면 '경영 자원으로서의 디자인 운용'이다. '새로운 형태에 대한 호기심'이 소비의 욕망을 자극할 것으로 내다본 기업가들은 너도나도 '스타일 체인지'에 힘을 쏟게 된다.

새로운 스타일의 등장은 기존의 제품을 구식으로 노화시키고 변용시킨다. '오늘의 것을 내일이면 오래된 것으로 만든다.'라는 전략은 소비에 동기를 부여할 목적으로 끊임없이 계획되었고, 디자인은 그 역할에 맞추어 계속해서 제품의 외관을 바꾸어 나갔다. 자동차, AV기기, 가구, 생활 잡화, 패키지 등 거의 모든 분야에서 스타일 체인지를 통하여 제품으로서의 존재를 주장하며 소비자의 욕망을 부추기고 있다.

한편으로 유럽인들에게는 가치를 추구하는 '브랜드'라는 개념이 효과가 있다고 알려지면서 이것을 제대로 운영하는 기술로서 디자인이 이용되기 시작했다. 경영 자원은 '인재' '시설' '자금' 등을 의미하지만 근래에는 여기에 '정보'가 더해지게 되었다. 일반적으로 널리 알려진 '기업 이미지'나 '상표' 등도 이 '정보'에 포함된다. 이러한 요소들이 기업 경영에 크게 기여한다는 전략적인 해석을 바탕으로 CI Corporate Identification와 브랜드 매니지먼트의 방법을 절묘하게 발전시킨 것도 다름 아닌 미국이었다.

사상과 브랜드

유럽의 디자인은 어떠했을까? 유럽에서는 독일과 이탈리아, 두 패전국이 디자인 흐름을 이끌어 나갔다. 바우하우스의 폐쇄로 교수들은 주로 미국으로 건너갔으나 바우하우스를 거쳐 간 사람들에 의해서 유럽에서도 그 사상이 계승되었고 심화해갔다.

독일에서는 울름 조형 대학이 그 역할을 했다. 학장인 막스 빌 Max Bill에 의해서 '외계 환경 형성 gestolt'이라는 개념이 만들어졌고, 이렇게 디자인은 환경을 대하는 사상으로서의 시야를 갖게 된다. 울름 조형 대학의 이념은 그 커리큘럼에 명확하게 나타나 있다. 건축, 환경, 제품, 비주얼 커뮤니케이션, 인포메이션 등의 영역을 제시하는데 이것은 전문 영역을 특정한 것이라기보다는 그것들을 통합하는 개념으로 디자인에 의미를 부여했던 것으로 보인다. 커리큘럼에는 색채나 형태를

다루는 지식과 훈련뿐 아니라 철학, 정보 미학, 인간 공학, 수학,
사이버네틱스 그리고 제반 과학의 기초 등을 망라하고 있다.
이것은 이미 공예나 미술로서의 교육 구상이 아닌 제반 과학과의
크로스오버를 전제로 한 '종합적인 인간학' 혹은 '종합 조형
과학'이라고 평가할 수 있는 내용이다. 그것은 환경 전체에 영향을
주는 '디자이너'라는 존재의 배경에 어떤 사상과 지식 체계를
둘 것인가를 숙고한 흔적이며 바우하우스에서 울름으로 디자인
개념이 심화되었음을 보여 준다.

한때 '브라운Braun'으로 대표된 독일의 정밀한 제품들은
매우 수준 높은 인간 연구의 성과였는데 그 배경에는 이처럼
심화된 디자인 사상이 있었다.

또 하나의 패전국 이탈리아는 어떠했을까? 라틴적인
쾌활함으로 근대 디자인을 발전시킨 이탈리아 디자인은 사색적인
독일과는 대조적이다. "미켈란젤로나 다빈치를 어렸을 때부터
친근하게 접하면서 자랐다."라고 말한 엔조 마리Enzo Mari에 따르면
이탈리아 디자인은 자유롭고 느긋하며 독창적이다. 그 활달한
박력은 이탈리아 디자인의 또 다른 매력이다. 대량 생산이 아니라
비교적 소규모의 공장 생산으로 아이디어와 조형을 대단히
치밀하게 만들어 가는 것, 구체적으로는 장인의 수작업을 공정의
일부로 도입함으로써 이탈리아 디자인은 독창성과 고도의 품질을
실현하게 되었고 차차 명성을 쌓아 나갔다.

유럽의 디자인을 세심하게 살펴보면, 디자이너 각자의

독립성과 더불어 어딘가 숙련된 장인의 여운이 느껴진다. 그것은
아마도 장인적인 태도로 물건을 만드는 흐름이 디자이너의 의식에
계승되고 있기 때문일 것이다. 바우하우스에서조차 '교수'와
'장인'이 함께 학생들을 가르치고 있었으니 이러한 장인 정신이
뿌리 깊게 잠재하는 것은 어찌 보면 당연하다. 이것이 제대로
작용했을 때는 개인의 독창성이 자유롭게 표현된 디자인이
만들어지지만 잘못 작용하는 경우에는 개성이 지나치게 강한
디자인이 되고 만다.

　　이러한 개인의 재능과 장인적 품질을 통합한 우수한 제품은
시장에서 우위성, 즉 '정평'을 얻게 되고 그것은 특별한 '가치'로서
보존된다. 이것은 '브랜드'라는 위력에 대한 사회적 인지도가
높아진다고 바꾸어 말할 수 있다. 제품의 품질이나 소재를
보증하는 '상표'는 어느새 세계 시장에서도 그 힘을 발휘하게
되었고 하나의 방법론으로 성장했다. 거기에는 기호嗜好로서의
성격이 강한 패션 분야의 영향도 짙게 투영되었는데,
'올리베티Olivetti'나 '알레시Alessi' 같은 공업 제품도 브랜드의
의미와 역할을 자각하고 있다. 어찌 되었건 디자인의 잠재력은
여기에서도 커다란 힘을 발휘하게 된다. 이러한 발상은 이윽고
미국에서도 마케팅의 일환으로 집중 연구되어 제품 디자인,
기업 이미지 관리 그리고 광고 전략 등의 디자인으로서 파워를
발휘하게 된다는 것은 앞에서 이미 설명하였다.

　　유럽 디자인을 몇 쪽 분량으로 할애해 설명하기에는

불가능하다. 북유럽이나 프랑스, 영국, 네덜란드 등 매력적인
디자인 이야기가 끊임없이 흘러나오기 때문이다. 그에 대해서는
다음 기회로 미루고 하던 이야기를 계속하자. 그 성장과 가풍
그리고 경제적 사춘기에 어디에서 영향을 받았는지 등에 따라서
일본, 미국, 유럽 등 각각의 사회에서 디자인이 기능하는 모습이나
형태가 다르다. 그러나 경제력이 사회를 지배하게 되는 20세기
후반을 보면 어떤 경우이건 '경제'를 주요 원동력으로 삼아
발전하고 있다. 디자인은 '품질' '새로움' '아이덴티티'를 제공하는
서비스로서 더욱 많은 발전이 기대되며 그를 향하여 이미 시동이
걸린 상태다.

　　이와 같은 사회 속에서 일반 사람들은 정보나 제품의
새로움과 자신의 기호에 따라 물건을 선택하며 '시대에 뒤처지는
것'을 두려워하게 되었다.

포스트모던이라는 해학

퍼스널 컴퓨터의 폭발적인 보급을 계기로 시대는 더욱 새로운 경제
문화의 요람기로 향하게 되지만 이를 눈앞에 두고 디자인은 이상한
미로 속을 헤매었다.

　　1980년대 디자인 분야에 '포스트모던'이라는 단어가
등장하면서 건축, 인테리어 그리고 제품 디자인을 중심으로 일종의

유행 현상이 일어났다. 이탈리아에서 발생한 그것은 순식간에 선진 세계로 퍼져나갔다. 사상적인 측면에서는 이름 그대로 새로운 시대와 모더니즘의 충돌이라 여겨졌지만 21세기로 접어든 지금 좀 더 넓은 시야로 되돌아보면 포스트모던은 디자인 역사의 전환점이 되지는 못한다. 그것은 모더니즘에 의해서 환기된 디자인 사상이 이전 세대에서 다음 세대로 계승되어 가는 과정에서 일어난 한때의 소동이었으며 주의 깊게 살펴보면 모더니즘을 목표로 삼았던 디자이너 세대의 '노화'를 상징하는 사건으로도 보인다.

조형적인 관점에서 바라본다면 그것은 분명 의도된 작은 기호 체계였으며 모드mode와 같은 것이었다. 낡은 모드를 몸에 걸친 사람들의 사진이 종종 우리를 웃음 짓게 하는 것은 유행이라는 가공의 신호에 사회 전체가 순종하고 있는 기묘한 상황 탓이다. 21세기에 살펴본 포스트모던도 이와 비슷하게 웃음을 자아낸다. 그것은 유선형 붐의 부활처럼 느껴질 정도이다. 그러나 그 운동을 선도했던 인물이 모더니즘의 조류 속에서 올리베티사의 제품이나 CI 프로젝트 등으로 상당한 실적을 남긴 에토레 소트사스Ettore Sottsass 같은 디자이너였다는 점은 주목할 만한 가치가 있다. 이것이 유선형 붐과 다른 점은 디자이너 자신이 그 조형성에 빠져 허우적댄 것이 아니라, 모더니즘의 가능성과 한계를 자신의 경험에서 지켜본 디자이너가 확신을 가지고 가공의 신호 체계를 만들어 디자인을 해학적으로 보이게 했다는 데 있다. 한편으로 디자인을 받아들이는 소비자 측에서도 그러한 디자인의 허구성을 이미 알고 있는 상태에서 받아들이는 것처럼 일종의 성숙 혹은 '생채기'가 발생한다는 점도 피할 수 없다. 디자인을 해학적으로 보이게 하는 디자이너와 그것을 다 아는 상태에서 받아들이는 소비자의 출현, 이것이 1980년대에 새롭게 나타난 디자인 상황이다.

그러나 나는 이것이 디자인에서 '한 세대의 노화'를 상징하는 현상이 아닐까 하고 생각한다. 왜냐하면 이것은 모더니즘에 순종하다 지친 디자이너와 정보에 닳고 닳은 소비자가 연출한 '해학'의 세계였으며, 끝없이 모더니즘에 정열을 쏟아 넣는 데 싫증 난 세대의 '시들어 버린 달관의 경지'를 느낄 수 있기 때문이다.

즉 포스트모던의 해학 넘치는 조형은 할아버지 디자이너들의 세련된 농담이며 사랑할 수 밖에 없는 디자인 방탕放蕩의 새로운 모습이었다. 세계는 그저 호탕하게 웃으면서 받아들였지만 '경제'만은 고지식하게 그것을 시장의 활성화에 이용하고자 필요 이상으로 세계에 퍼뜨려 한때 젊은 디자이너들까지도 여기에 농락당했다. 나아가 비평가들도 이것을 모더니즘과 새로운 시대의 충돌로 평했다. 바로 이것이 포스트모던을 다른 길로 접어들게 했고 곤혹스럽게 했으며 비애로 만들었다.

이 사건에서 우리가 생각해야 할 것은 모더니즘이 아직 끝나지 않았다는 사실이다. 그 탄생 당시의 충격은 잊어버렸다고 해도 모더니즘은 한때의 유행이나 일시적인 모드로 대신할 수 있는 존재가 아니기 때문이다. 한 세대의 디자이너들이 그 탐구에 지쳐 디자인을 마치 패러디와 같은 웃음거리로 만들었다고 해도 그것은 한때일 뿐이다. 제품을 통해서 생활의 질을 인식하고자 한 지성이 모더니즘을 진화시키고 성장시키는 본질적인 에너지라고 한다면, 한층 더 젊은 세대가 그 사상을 접하며 큰 흐름에 젖어 있는 구세대의 디자인 작업을 초월하여 디자이너로서 새로운 모던을 다시 만들어 가려고 할 것이다.

컴퓨터 테크놀로지와 디자인

그렇다면 현재의 디자인 상황은 어떤가? 오늘날 사회는 정보 테크놀로지의 현저한 진보로 커다란 혼란에 빠져들었다. 컴퓨터가 가져올 것으로 기대되는 인간 능력의 비약적인 발전을 극적으로 상상하면서 미래의 환경 변화에 대하여 세계는 대단한 과민반응을 보이고 있다. 아직 로켓으로 달밖에 가지 못한 상황임에도 세계는 은하 간의 이동을 위한 준비와 걱정으로 숨 가쁘게 돌아간다.

　　이미 동서 냉전은 끝났고 세계는 경제력을 암묵적 기준으로 삼아 움직인다. 경제력이 가치관의 대세를 점유하는 세계에서는, 환경 변화에 재빨리 반응하고 대처하는 것이야말로 미래의 경제력을 보증하는 최선의 방책이라고 생각한다. 이미 역사적으로 경험했던 산업혁명에 필적하는 패러다임의 변화를 확신하면서 버스에 올라타 새로운 장소로 이동하고자 '컴퓨터 이전의 교육'으로 형성된 두뇌에 끊임없이 채찍을 가하고 있다.

세계는 컴퓨터 테크놀로지가 만들어낼 것으로 기대되는 부*富*를 다른 사람보다 앞서서 손에 넣고자 달음박질을 시작하였고 그것이 가져올 본래의 풍요로움은 맛볼 여유도 없이 가능성에만 매달려 쓰러질 듯 기우뚱하면서도 간신히 몸을 추스르고 다음 한 발을 내딛는 듯한 실로 불안정하고 스트레스가 만연하는 상황에 놓여 있다.

아무래도 사람들은 기술의 진보는 비판할 만한 것이 아니라고 생각하는 것 같다. 과거 산업혁명이나 기계 문명에 반기를 든 사람들은 선견지명이 없어 결국 찬밥 신세가 되고 말았다는 일종의 강박 관념이 현대인의 의식 깊은 곳에 뿌리박혀 있는지도 모른다. 그래서 누구나 느끼고 있을 불만을 입으로 내뱉지 못한다. 아마도 테크놀로지에 불만을 토로하는 사람은 흔히 시대착오적이라고 생각되기 때문일 것이다. 이렇듯 사회는 시대의 흐름을 좇지 못하는 사람들을 가차없이 도태시켜 버린다.

그러나 오해를 두려워하지 않고 직설적으로 말한다면, 테크놀로지란 좀 더 천천히, 서서히 진화되었어야 했다. 시간을 들여 시행착오를 거쳐 숙성되는 편이 좋았다. 과도한 경쟁에 광분하여 불안정한 토대에 불안정한 시스템을 쌓아 놓고는 그것을 반복하면서 진화해 온 각종 기간 시스템은 불확실하고 깨지기 쉬운 체질을 지닌 채 질주하고 있으며 그 질주를 멈추지 못하고 점점 피폐해진다. 오늘날 사람들은 자신의 주변을 둘러싼

불건전한 테크놀로지 환경 속에서 날마다 스트레스를 받는다. 이미 테크놀로지는 한 사람의 지식만으로 전체를 파악할 수 있는 절대량을 훨씬 뛰어넘어 증식하고 있으며, 그 끝은 흐릿해져서 보이지도 않는다. 그러한 상황에 대처해나갈 수 있는 사상이나 교육이 제대로 이루어지지 못한 채 그저 왕성하기만 한 생산과 커뮤니케이션이 아름다울 리 없다.

MIT의 존 마에다John Maeda의 평가에 따르면, 컴퓨터는 '도구'가 아니라 '소재'이다. 이 표현은 주어진 소프트웨어를 통째로 삼켜 컴퓨터를 사용하는 것이 아니라 숫자로 구축된 이 새로운 소재를 통해서 어떠한 지식의 세계를 개척할 수 있을지 깊이 생각할 필요가 있음을 시사한다. 이것은 받아들여야 할 지적이다. 어떤 소재가 뛰어난 것이 되려면 먼저 그 소재의 특성을 극한까지 순화시키는 과정이 필요하다. 점토는 조소라는 조형을 자아내는 무한의 가소성을 내포하는 소재지만 그 무한의 가소성은 역시 점토라는 소재의 숙성과 관련이 있기 때문이다. 이 점토 속에 못이나 금속 파편이 잠재한다면 마음껏 주무를 수 없다. 우리는 현재 피투성이가 된 손으로 점토를 주무르고 있다. 이렇듯 무리한 상황에서 만들어지는 것들이 과연 우리 생활을 충족시켜 줄 수 있을까.

현재의 디자인은 테크놀로지가 가져다주는 '신기한 과일'을 사회에 프레젠테이션하는 역할을 맡아 여기에 왜곡을 가하고 있다. '오늘의 것을 내일이면 오래된 것으로 만든다.'라는 것에 온 힘을 쏟아 호기심이라는 식탁 위에 '기묘한 과일'을 내놓는 서비스에 익숙해진 디자인은 새로운 테크놀로지를 추종하고 그 경향은 점점 더 심해질 것이다.

모더니즘과 그 미래

지금까지 스타일 체인지의 방법에 골몰하는 디자인과 새로운 기술 환경을 추종하는 디자인 이야기를 했지만, 디자인이 경제나 테크놀로지의 하인 노릇만 계속해온 것은 아니다. 그러한 경향의 한편에서는 물건에 형태를 주는 이성적인 지침으로서 착실하게 맡은 바 임무를 다해왔다. 디자인은 '형태와 기능의 탐구'라는 이상주의적 사상의 유전자를 깊숙한 곳에 품고 있어서 경제라는 에너지로 운동하면서도 냉정한 수도자와 같은 일면을 유지해왔다. 산업 사회 속에서 최적의 형태와 환경을 계획해나가는 이성적·합리적인 지침으로서 역할을 다해왔다. 테크놀로지의 진보가 제품이나 커뮤니케이션에 새로운 가능성을 제시할 때마다 디자인은 싫증 내지 않고 끊임없이 최선의 답을 찾는 역할을 맡는다. 나는 지금 이 원고를 뉴욕에서 아르헨티나 부에노스아이레스로 이동하는 비행기 안에서 쓰고 있는데, 이 비행기 자체의 진화하는 안전성과 기내의 이동성, 좌석의 쾌적한 기능 역시 끊임없는 디자인의 성과로 평가하고 싶다.

컴퓨터의 키보드를 보더라도 지금까지 디자인이 이룬 이상적인 역할을 충분히 느낄 수 있다. 즉 모더니즘의 성과로서 디자인은 오늘날 우리 생활 전반에 확실하게 자리매김하고 있다.

한편 과학 기술의 발달이 가져온 새로운 상황뿐 아니라 익숙한 일상생활에도 무수한 디자인의 가능성이 잠들어 있다는 것을, 요즘의 디자이너들이 알아채기 시작했다. 기묘한 것을 만들어내는 것만이 창조성이 아니다. 익숙한 것을 미지의 것으로 재발견할 수 있는 감성 또한 똑같은 창조성이다. 우리는 이미 손에 쥐고 있으면서도 그 가치를 눈치채지 못하는 수많은 문화가 쌓여 가는 가운데에 살고 있다. 그것들을 아직 사용하지 않은 자원처럼 활용할 수 있는 능력 또한 무에서 유를 창조하는 것과 마찬가지로 창조적이다. 우리의 발밑에는 거대한 광맥이 사람들의 손길을 기다리며 묻혀 있다. 숫자 개념에도 정수가 있는 반면 소수라는 개념도 있는 것처럼 사물을 보는 견해는 무한하며 그 대부분은 아직 발견되지 않았다. 그것들을 자각시키고 활성화하는 것이 '인식을 살찌운다.'라는 것이며 사물과 인간의 관계를 풍요롭게 하는 것으로 이어진다. 형태나 소재의 참신함으로 놀라움을 선사하는 것이 아니라, 생활의 틈새로부터 평범하면서도 은근히 사람을 놀라게 하는 발상을 끊임없이 끄집어내는 독창성이야말로 디자인이다. 모더니즘의 유산을 계승하고 새로운 세기를 짊어지고 갈 디자이너들이 그 부분을 서서히 의식하기 시작했다.

커뮤니케이션 영역도 상황은 비슷하다. 이렇듯 혼란스러운 상황 속에서 신뢰 넘치는 지침을 만든다는 것은, 현실에 바탕을 둔 상황 관찰을 축적할 때에만 가능하다. 정보 공학자인 리처드 솔 워먼Richard Saul Wurman이 지적한 대로 오늘날 우리는 다음과 같은 상황을 이해하게 되었다. 새로운 테크놀로지가 이제까지의 것들을 대신하는 것이 아니라 '옛것'이 '새것'을 받아들이고 그 결과로 선택의 폭이 늘어난다. 여기에 필요한 것은 '새것'에만 매달리지 않고 손에 넣은 선택의 폭을 냉정하게 분석하는 태도이다. 예를 들어 전자 상거래 시장에서 신흥 기업은 전통 있는 회사가 신중한 분석을 거쳐 들어온 만큼의 성공을 거두지 못한다. 인터넷이 아무리 발달해도 신문은 여전히 대문을 넘나들고 이메일이나 휴대전화가 제아무리 발달해도 우편물의 수를 줄이지는 못한다. 말하자면 미디어가 늘어나 서로 복합되어 커뮤니케이션 채널이 다원화되었을 뿐이다. 커뮤니케이션 디자인이란 이들 미디어를 합리적으로 정리하는 감성이다. 과거의 미디어에서 키운 감각이 새로운 미디어가 발생했다고 해서 소용없어지는 것은 아니기 때문이다. 하나의 미디어에서 육성된 커뮤니케이션 감각은 다른 미디어를 통해 유용하게 살아난다. 기존 미디어나 새 미디어 가운데 어느 한쪽으로 치우치는 것이 아니라 그것들을 횡단하여 모두 시야에 넣고 종횡으로 사용하는 기능이 디자인인 것이다. 디자인은 미디어에 종속되는 것이 아니라 오히려 미디어의 본질을 탐색해나가는 작용을 한다. 미디어가 복잡하여 착각하기 쉬운 상황일수록 디자인의 진가가 드러난다.

또 테크놀로지와 커뮤니케이션의 관계를 더욱 깊이 살펴보면
다음과 같은 발상이 태어난다. 즉 네트워크를 타고 들어와
모니터에 나타나는 마구잡이식 정보가 아니라 모든 감각을
총동원하여 감지해낼 수 있는 정보의 '질實'에 대한 복잡성과
깊이가 재검토되기 시작한다. 그 상징적인 사례로서 가상현실을
연구하는 인지 과학 영역에서 시청각 이외의 'haptic' 감각,
즉 촉각을 중심으로 한 섬세한 제반 감각이 근래 주목받는 것을
들 수 있다. 이것은 곧 인간의 미세한 감각이 첨단 테크놀로지에서
중요하게 취급되기 시작했음을 뜻한다. 인간도 환경도 모두
물질이며 인간이 느끼는 쾌적함이나 만족감은, 다양한 감각
기관을 통한 세상과의 교류에서 얼마나 그것을 음미하고 소중히
여기는가에 달려 있다. 이 점에 관해서는 디자인과 테크놀로지
혹은 디자인과 과학이 같은 방향을 바라보기 시작했다. 내 전문
영역은 커뮤니케이션이지만, 그것의 이상理想은 강한 비주얼로
사람들의 눈을 빼앗는 것이 아니라 오감을 파고드는 듯이
침투하는 데 있다고 생각하게 되었다. 그 존재조차 눈에 띄지
않은 채 이루어지듯이 비밀스럽고 정밀한, 그래서 더욱 강력한
커뮤니케이션이다.

　　　지금까지 먼 길을 돌아서 온 느낌도 들지만 이제야 비로소
우리가 현재 서 있는 곳에 도착했다. 우리는 이러한 곳에서
디자인을 생각하고 디자인을 행하고 있다. 디자인은 단순히 만드는
기술이 아니다. 지금껏 살펴본 역사에서도 그것을 확인할 수

있었다. 디자인은 오히려 눈과 귀를 활짝 열고 생활 속에서
새로운 의문을 발견해나가는 것이다. 사람이 살아 있어야 환경이다.
그것을 냉정하게 관찰하는 시선 저편에 테크놀로지의 미래나
디자인의 미래가 있다. 그것들이 서서히 교차하는 부근에서
모더니즘의 미래를 내다볼 수 있을 것이다.

제2장 리디자인 – 일상의 21세기

일상을 미지화한다

'리디자인redesign'을 쉽게 말하면 '다시 디자인한다'라는 뜻이다. 일상의 주변에서 흔히 볼 수 있는 디자인을 처음부터 다시 생각하여, 누구나 잘 아는 형태를 통해 디자인의 리얼리티를 찾아보는 것이다. 제로에서 새로운 것을 만들어내는 것도 창조지만 기존의 것을 미지화未知化하는 것 역시 창조라고 할 수 있다. 그러한 내용으로 앞 장을 마무리했는데, 디자인의 모습을 재정립해주는 것은 오히려 후자의 경우가 아닐까.

1990년대의 10여 년 동안 나는 이 '리디자인'이라는 개념에 몰두했다. 새로운 마카로니 디자인 전시회를 개최하거나 쌀이라는 상품에 어울리는 형태의 패키지를 시험적으로 제작하기도 하고, '일용품'의 또 다른 모습을 상상해보면서 이러한 개념에 어울리는 몇 가지 계획을 실행에 옮겼다. 그 과정에서 디자인과 관계를 맺고 있는 수많은 사람과, 그들이 가진 여러 가지 사고방식을 접했다.

이 장에서는 그것들에 대해 이야기해보고자 한다.

아트와 디자인

우리의 생활 환경을 구성하는 것, 즉 집과 마루, 욕조 그리고 칫솔 등은 모두 색이나 형태, 질감 같은 기본적인 요소로 구성되어 있으므로 그 조형은 그것들을 조직화할 수 있는 명석하고 합리적인 의식에 따라 이루어져야 한다고 생각한다. 그러한 발상이 이른바 모더니즘의 기본이었다. 또한 그러한 합리적인 '물건 만들기'를 통해서 인간 정신의 보편적인 균형과 조화를 탐색하고자 하는 것이야말로 넓은 의미에서 디자인적인 사고방식이다. 바꾸어 말하면 인간이 살아가는 것, 생활하는 것의 의미를 물건 만들기의 과정을 통해서 해석하고자 하는 의욕이 바로 디자인이다. 한편 아트 역시 새로운 인간 정신의 발견을 위한 행위라고 한다. 양자 모두 감각 기관으로 인식할 수 있는 대상물을 이리저리 조작하는 '조형造形'이라는 방법을 사용한다. 그런 까닭에 도대체 아트와 디자인의 차이가 무엇이냐는 질문을 자주 받게 된다. 나 자신은 아트와 디자인을 억지로 통합하거나 분리하는 것에 아무런 의미를 느끼지 못하기 때문에 여기서 그 정의를 기술할 생각은 없지만, 디자인이라는 개념이나 '리디자인'이라는 프로젝트의 이해를 위해 간단하게나마 두 개념의 차이에 대해서 설명하고자 한다.

아트는 개인이 사회를 마주 보고 하는 개인적 의사 표명으로 발생의 근원이 매우 사적인 데 있다. 따라서 아티스트 자신만이 그 근원을 파악할 수 있다. 이 점이 아트의 고독함이면서 또 멋진

점이기도 하다. 물론 아티스트들이 만들어낸 표현을
해석하는 방법은 많이 있다. 그 표현들을 재미있게 해석하고
감상하고 평가하여 나아가 전시회 같은 것으로 재편집하여 지적
자원으로 활용하는 것은, 아티스트가 아닌 제삼자가 아트에
접근하는 방식이다.

　　한편 디자인은 기본적으로 그 동기가 개인이 자기를
표출하고자 하는 의사에 있는 것이 아니라 사회 쪽에 있다.
사회의 많은 사람들과 공유할 수 있는 문제를 발견하고 그것을
해석해나가는 과정에 디자인의 본질이 있다. 문제의 발단을
사회에 두기 때문에 그 계획이나 과정을 누구나 이해할 수 있어
다른 사람들도 디자이너와 같은 시점에서 그 길을 따라갈 수 있다.
이러한 과정 속에서 인류가 공감할 수 있는 가치관이나 정신이
태어나고, 그것을 공유하는 가운데 만들어지는 감동이 바로
디자인의 매력이다.

　　'리디자인'이라는 단어에는 이미 사회에서 공유하고
인지하는 사물을 주제로 한다는 의미가 내포되어 있다.
'일용품'이라는 주제 설정은 결코 기발한 것이 아니라 사람들이
'공유'하고 있는 가치를 다루는 디자인의 개념을 검증하고
재검토하는 데 가장 자연스러운 방법인 것이다.

리디자인 전시회

2000년 4월 나는 〈리디자인 – 일상의 21세기 リ·デザイン-日常の21世紀〉
라는 다소 긴 제목의 전시회를 기획하였다. 이것은 종이 회사인
'다케오竹尾'의 창사 100주년을 기념하여 개최된 전시회의
일부였는데, 실은 두 개의 전시회를 동시에 기획하였기 때문이다.
하나는 색이나 텍스처가 풍부한 파인 페이퍼와 그래픽 디자인이
자아내는 역사에 초점을 맞춘 〈종이와 디자인紙とデザイン〉이라는
전시회, 그리고 또 다른 하나가 종이와 디자인의 가까운 미래를
전망해 보는 〈리디자인 – 일상의 21세기〉였다.

리디자인 전시회에서는 여러 분야에서 활동하는 32명의
작가에게 지극히 일상적인 물품, 예를 들어 화장지나 성냥
같은 친근한 물품에 대하여 '다시 디자인해줄 것'을 부탁했다.
건축, 그래픽 디자인, 제품 디자인, 광고, 조명, 패션, 사진, 순수
미술, 문학 등 다양한 장르에서 시점과 주장이 명확한 작업으로
정평이 난 일선 작가에게 작업을 의뢰하였다. 각 작가에게 하나씩
리디자인 과제를 주었고 그들의 제안을 모두 프로토타입으로
만들어 기존의 것과 비교하며 감상할 수 있도록 하였다.
작가별 주제는 기본적으로 주최 측에서 결정하기로 하였다.

이러한 기획은 자칫 유머나 농담으로 오해를 받기 쉽다.
물론 '웃음'을 배제할 생각은 없지만 그것이 목적은 아니다.
본질적으로는 정석을 지향하는 프로젝트이다. 비유를 한다면,

내가 최고의 선수들과 테니스 시합을 하면서 의식적으로 상대 선수가 받기 어려운 코스로 강력한 서브를 넣는 것이다. 그 결과, 강력한 나의 서브를 훨씬 웃도는 예리한 리턴 에이스가 계속해서 되돌아왔다. 서브는 내가 디자인에 대해 던지는 질문이었는데 마치 그 어리석음을 비웃듯이 더욱 새로운 질문을 담은 창조적인 리턴이 연이어 돌아왔다.

오해를 피하기 위해 한마디 덧붙인다면, 리디자인 전시회는 기존의 디자인을 다시 디자인하는 프로젝트이지만 이것은 뛰어난 디자이너의 손을 빌려 일상의 디자인을 개량하자는 제안이 아니다. 일용품이란 오랜 역사 속에서 다듬어져 온 성숙한 디자인 대상들로, 이 시대에 이름을 떨치는 뛰어난 크리에이터일지라도 단시간에 이것을 뛰어넘기는 쉽지 않다. 그러나 제시되었던 대상은 모두 명료한 아이디어의 디자인으로 완성되었으며 기존의 디자인과는 다른 생각의 차이를 뚜렷하게 담고 있다. 바로 그 차이 안에 인간이 '디자인'이라는 개념을 내세우면서 절실하게 표현하고자 한 것들이 포함되어 있을 터이다. 이 프로젝트는 '차이' 속에서 디자인을 발견하는 전시회다. 나는 이 일련의 작업에서 많은 것을 배웠다. 그 내용들 가운데에서 몇 가지를 소개하고자 한다.

반 시게루와 화장지

건축가 반 시게루坂茂에게 주어진 주제는 '화장지'다.
반 시게루는 '종이 관紙管'을 사용하는 건축가로 세계에 널리
알려져 있다. 반 시게루가 종이 관을 건축에 사용하게 된 데는
뚜렷한 이유가 있다. 그중 하나는, 얼핏 매우 취약해 보이는
종이라는 소재가 실제로는 영구 건축에 사용될 정도로 강도와
내구성을 갖추고 있다는 사실을 발견했기 때문이다. 그리고
더욱 중요한 것은 그 사용법이 매우 간단하고 낮은 비용의 설비를
통해서도 쉽게 만들어낼 수 있는 유용한 건축 소재라는 점이다.
시게루는, 종이는 생산 설비 부담이 적고 생산되는 장소가 별로
상관없다는 것, 세계적으로 기준이 확실하므로 어디에서나
동일한 기준으로 조달할 수 있다는 것, 재생이 가능하므로
불필요해지면 언제든지 재활용할 수 있다는 것 등 향후 지구
환경에서 매우 중요한 역할을 하게 될 잠재성을 가진 소재라는
점에 주목하고 있다.

그는 이 종이 관을 사용하여 한신·아와지 대지진이
발생했던 당시에 이재민용 임시 주택과 교회를 설계하였다. UN의
난민 고등 판무관 사무소의 허락을 얻어 르완다의 난민 캠프에서는
난민용 구난 숙소의 구조재로 종이 관을 활용하였다. 르완다에서는
숙소에 목재를 사용하면 산림이 금방 고갈되고, 너무 그럴듯하게
만들어 놓으면 사람들이 아예 정착해버리는 등의 문제가

한신·아와지 대지진 이재민을 위한 임시 주택 | 사진 사쿠마 다카노부 作間敬信

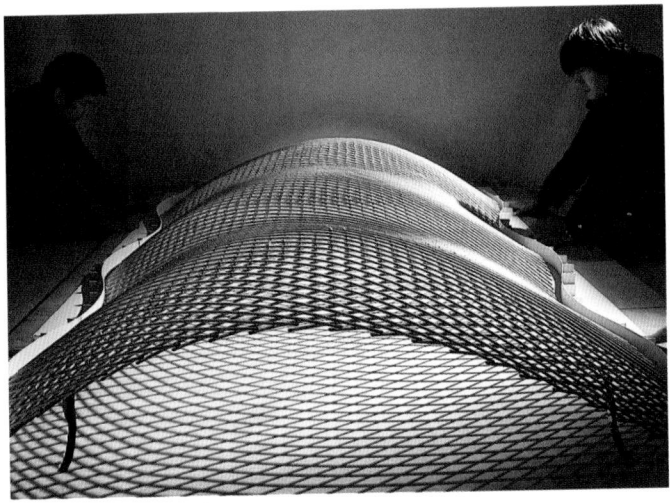

하노버 박람회 일본관 모형 | 사진 소바지마 도시히로 傍島利浩

나타난다고 한다. 따라서 간이 천막 같은 숙소의 구조체로 종이
관이 최적이었다.

또한 2000년 하노버 박람회 일본관도 반 시게루의 종이 건축이다.
이것은 높이 수십 미터의 거대한 아치 공간을 종이 관 구조체로
표현한 것이다. 파빌리온pavilion의 가설성假設性을 고려하여
사용이 끝나는 즉시 재활용할 수 있다는 개념을 보여 준다.
어느 쪽이든 자원을 소중히 다루고 보편적·합리적인 발상으로
필요한 건축을 구체화해간다는 명료함이 느껴지는 작업이다.
그러한 발상을 배경으로 작업을 전개하는 건축가의 눈이
'화장지'에 맞추어졌다.

　　　오른쪽 사진은 반 시게루가 리디자인한 화장지로, 가운데
종이 심이 사각형이고 그 위에 화장지가 감겨 있다.

　　　이것을 휴지걸이에 걸어 사용하면 휴지를 잡아당길 때
반드시 달가닥달가닥하는 저항음이 발생한다. 보통의 둥근
형태라면 가볍게 잡아당기는 것만으로도 휴지가 풀리지만
그것은 필요 이상으로 종이를 공급하는 형태이다. 화장지를 감는
종이 심을 사각형으로 만듦으로써 그곳에 저항이 발생한다.
이런 완만한 저항의 발생이 곧 '자원 절약'의 기능을 발휘하기도
하지만 거기에는 자원을 절약하자는 메시지도 함께 담겨 있다.
나아가 둥근 종이 심에 감긴 화장지는 둥근 형태 때문에
운반할 때 많은 틈이 발생하지만 사각형 심은 그 틈이 경감되어
운반이나 수납할 때의 공간 절약에도 공헌하게 된다.

반 시계루의 사각형 화장지

이와 같이 중심을 둥근 형태에서 사각형으로 하는
것만으로도 그곳에 극적인 변화가 발생한다. 물론 전 세계의
화장지를 모두 다 사각형으로 만들자고 제안하는 것은 아니다.
'사각형 화장지'가 보여주는 '비평성'에 주목하길 바라는 것이다.
디자인은 생활이라는 관점에 기초한 문명 비평이기도 하다.
이것은 어제오늘 시작된 일이 아니다. 디자인이라는 사고방식과
디자인을 느끼는 방식은 그 발생을 거슬러 올라가 보면 비평적인
것이다. 화장지를 감는 둥근 종이 심과 사각형 종이 심, 그 차이
속에서 디자인이 가진 비평성의 리얼리티를 느끼기를 기대한다.

사토 마사히코와 출입국 스탬프

사토 마사히코佐藤雅彦는 텔레비전을 통해 수없이 많은 광고를
성공시킨 디렉터로, 잘 알려진 플레이스테이션 게임인 〈IQ〉의
기획자이며 〈KINO〉라는 영화를 감독하기도 했다. 또 게이오慶應
대학의 교수로서 학생들에게 인기 있는 세미나를 진행하고 있다.
게다가 어린이 프로그램을 위해 〈단고 3형제だんご三兄弟〉라는
노래를 제작하여 대히트를 기록하는 등 그의 메시지는 많은
어린이의 마음속에까지 파급되었다. 이렇듯 여러 분야에 걸친
사토 마사히코의 활동에서 발견되는 공통점은 커뮤니케이션에
잠재하는 법칙성에 대한 냉정한 탐구와 그 성과의 응용이

절묘하게 조화된다는 점이다.

영화 〈KINO〉는 영상 단편집인데 그 안에 〈인간 오셀로 人間オセロ〉라는
타이틀이 있다. 버스 정류장에서 세 명의 남자가 오른쪽을 향하여
나란히 늘어서 있다. 그곳에 찾아온 네 번째 남자. 그 남자는 왠지
반대 방향을 향하여 그 줄에 선다. 선두에 서 있던 남자가 그 남자를
보고는 자신도 모르게 왼쪽으로 방향을 돌린다. 어느새 방향이 바뀐
것을 알아챈 중간의 두 남자도 천천히 왼쪽으로 방향을 전환하게
된다. 결과적으로 버스를 기다리는 순서가 반대 방향으로 변해 버렸다.
인간의 심리에 작용하는 오셀로 게임과 같은 현상을 표현한 재미있는
단편 영화이다. 그는 항상 이러한 '커뮤니케이션의 씨앗'과 같은 것의
존재를 찾아낸다. 그리고 그 씨앗을 둘러싸고 사람들의 마음속에
발생하는 작은 운동, 가령 그것을 '감동의 싹'이라고 부른다면
그 싹이 발아하는 원리를 놓치지 않는다. 사토 마사히코의 모든
활동에서 그와 같은 냉철한 관찰과 그 원리를 활용하고자 하는
미세한 센스를 발견할 수 있다.

그러한 사토 마사히코에게 의뢰한 주제는 여권에 찍는
'출입국 확인 스탬프'이다. 기본적으로 일본의 출입국 관리 직원은
'원과 사각'으로 출국과 입국의 차이를 표시하고 있다. 매우
간결한 아이디어이다. 이것으로도 충분히 출입국을 구분하는
기능을 하고 있지만, 이번에는 발상을 달리하여 스트레스에 지친
사람들의 마음을 달래는 연구를 해보지 않겠느냐고 제안했다.

뒤쪽 사진에서처럼, 출국은 왼쪽을 향하는 여객기이고

입국은 오른쪽을 향하는 형태로 되어 있다. 이 아이디어에는 스탬프를 찍는 수속 절차에 한 모금의 커뮤니케이션을 담고자 하는, 말 그대로 커뮤니케이션의 씨앗이 포함되어 그것을 접하는 사람들의 마음속에 싹을 틔운다. 즉 이 스탬프를 접하는 사람은 미처 예기치 못한 부분을 자극받아 '앗!' 하며 미세한 마음의 동요가 일어나고, 결과적으로 머릿속에 작은 느낌표가 새겨질 것이다. 그것은 긍정적인 호의로 가득 찬 느낌표이리라.

만약 일본을 처음 방문하는 외국인이 하루 5만 명이라고 가정한다면 이 스탬프가 국제공항에서 사용될 경우 호감의 느낌표를 하루 5만 개 생산하는 셈이다. '일본인들이 재미있는 생각을 했구나.'라는 긍정적인 인식을 하루 5만 개나 만들어낼 수 있다. 같은 효과를 다른 미디어에서 얻으려 한다면 그리 쉽지 않다. 처음 일본을 방문한 외국인 전원에게 '와! 일본도 매우 재미있는 나라인데.'라는 생각이 들게 할 수 있는 텔레비전 CF란 그렇게 쉽게 만들 수 없으며 일본을 방문한 외국인만을 선별해서 접근할 수 있는 미디어 역시 존재할 리 없다.

이런 이야기를 들은 적이 있다. 입국 수속을 마치고 여권을 건네받으면서 직원에게 'Happy Birthday!'라는 말을 들었다고 한다. 직원은 입국 수속을 하면서 바로 오늘이 그의 생일이라는 사실을 알아챈 것이다. 물론 아무 말도 하지 않고 돌려줄 수도 있다. 그러나 그 직원은 'Happy Birthday!'라는 말을 전했다. 그리고 이 이야기를 해준 친구는 그 말 때문에

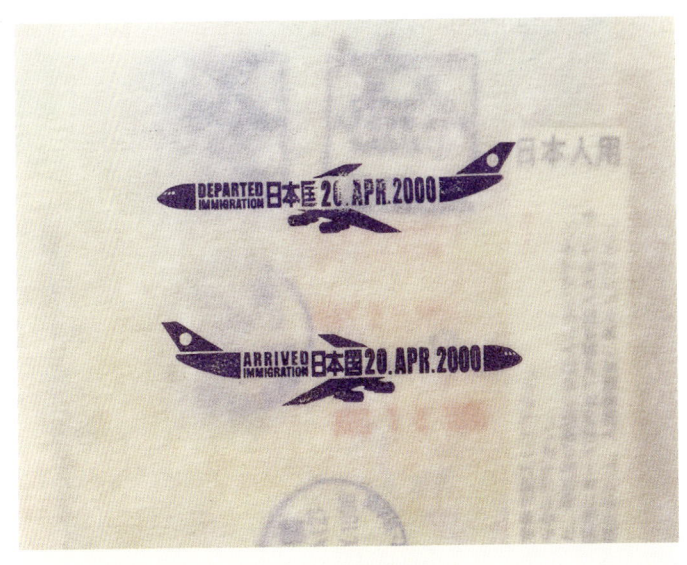

사토 마사히코의 출입국 스탬프

그 나라가 조금 더 좋아졌다고 했다.

말하자면 별것 아닌 사소한 한마디에도 커뮤니케이션의 씨앗이 숨어 있다. 사토 마사히코의 스탬프는 그 씨앗의 존재와 그것을 발아시키는 방법을 구체적으로 보여준다. 이것은 전자 미디어의 가능성에 대해 몽상하는 데만 정신이 팔려 일상적인 커뮤니케이션에서의 실천이 다소 느슨해져 있는지도 모르는 우리가 커뮤니케이션 음치를 벗어날 수 있도록 중요한 단서를 제시한다.

한편 사토 마사히코는 이 스탬프에 대하여 마지막으로 다음과 같은 의견을 남겼다. "처음 오리엔테이션을 받았을 때는 환영이라는 느낌의 스탬프가 있어도 괜찮다는 생각이 들어 사람들의 기운을 북돋아 줄 수 있는 스탬프를 만들었다. 그러나 다시 잘 생각해보니 현재의 중립적인 상태가 더 좋을지도 모르겠다. 왜냐하면 우리 주변의 디자인에는 쓸모없이 남아도는 메시지가 너무 많으니까." 현재의 스탬프도 깔끔하게 디자인되어 있지 않은가. 괜히 쓸데없는 곳에 힘을 낭비하면 오히려 역효과를 내니 현실적인 의미에서는 하지 않는 편이 좋을지도 모른다는 것이었다.

분명 그럴지도 모른다. 답을 찾았음에도 그것을 더욱 정밀하게 수정하는 신중함과 성의는 원리를 실용적으로 실천할 수 있도록 하는 미세한 센스의 일부분이리라.

구마 겐고와 바퀴벌레 덫

구마 겐고隈研吾는 두뇌파 건축가이다. 그러나 두뇌파라고 일컫는 건축가가 너나없이 자신의 건축 해설에 두뇌를 이용하는 것과는 일선을 긋는다. 그는 건축이라는 명목으로 지나치게 그럴듯한 조형을 세상에 내보이는 것을 부끄럽게 여기며, 그러한 국면에 양질의 정교함을 담는 데 섬세하고 치밀한 두뇌를 사용하고 있다. 즉 기념비적인 건축물이 권위를 발생시키는 숙명이나 건축을 통해서 개성적·탐미적인 조형을 실현하고자 하는 욕망을 어떻게 제어하고 억제하는가하는 것이야말로 건축의 수준을 나타내는 핵심이라고 생각하며, 그런 관점에서 매우 높은 세련미를 만들어내려 하는 건축가인 것이다. 그 제어와 억제의 형태는 일정한 것이 아니라 어떤 때는 일부러 섬세함을 뒷면에 숨겨 기발한 오브젝트를 표현하기도 하고 어떤 때는 존재를 경감하기 위하여 건축을 투과시켜 보기도 하며 또 때로는 건축의 모습이 보이지 않도록 설계하기도 한다.

건축이 보이지 않게 한다는 것은 다음과 같은 예를 말한다. 대표적인 사례가 세토나이카이瀬戸内海가 한눈에 내려다보이는 장소에 설치된 '기로산龜老山 전망대'. 이 전망대는 산 정상에서 경치를 전망하는 기능을 실현하면서도 전망대 자체는 헬리콥터를 타고 상공에서 내려다보지 않는 한 발견할 수 없게 되어 있다.

기슭에서 보면 산밖에 보이지 않는다. 원래 산 정상을 깎아서 조성한 대지에 전망대의 설계를 의뢰받았다고 하는데 전망대를 완성한 다음 이곳을 다시 메워서 나무를 심었기 때문에 전망대로서의 기능을 갖추고 있지만 다른 장소에서는 그 모습을 볼 수 없게 된 것이다.

구마 겐고의 또 다른 작품으로 아타미熱海에 있는 게스트하우스인 '워터/글라스Water/Glass'를 들 수 있는데, 바다를 향한 절벽 중턱에 있어서 이것 역시 배를 타고 바다에 나가 쌍안경으로 바라보지 않는 한 건축의 외관을 볼 수 없다. 대신 물로 채워진 '물 테라스'가 유리로 만든 건축의 외관을 뒤덮고 있어서 실내에서 시선을 받는 수면이 그대로 저 먼 태평양의 바다 표면과 연결된 듯한 시각적 역동성이 건축 내부에 구사되어 있다. 이것은 안에서 밖을 바라보는 장치로서만 설계되어 있으며 외관이라는 발상을 완전히 배제하는 것이다.

그런 관점으로 건축을 설계하고 있는 구마 겐고에게 '바퀴벌레 덫'의 리디자인을 부탁하였다. 보통의 바퀴벌레 덫은 바퀴벌레를 포획하기 위한 비밀 기능을 가지고 있다. 다리에 있는 기름기를 씻어내면서 입구에 있는 '발 닦기 매트' 안으로 들어간 바퀴벌레는 끈끈이 접착제에 발이 달라붙어 꼼짝달싹 못 하고 굶어 죽게 되는 시스템이다. 그것을 행복해보이는 바퀴벌레 가족의 집과 같은 형태로 표현하고 있다. 그 형태가 너무 우스워 본래의 살벌한 살충 기능을 잊게 해준다고 하며 실제로도

기로산 전망대

워터/글라스 게스트하우스

잘 팔린다. 어디서나 흔히 볼 수 있는 상품이다.

구마 겐고는 이것을 두루마리 형태의 점착 테이프로 디자인하였다. 테이프는 적당한 길이로 잡아당겨 쓸 만큼만 잘라서 사용한다. 자른 것을 조립하면 사각형 튜브가 만들어진다. 그 안은 모두 끈끈이로 되어 있어, 말하자면 반투명 사각형 터널이 완성된다. 유닛과 유닛 사이의 관절 부분에는 겉에도 끈끈이가 있어서 벽과 같은 수직면에도 붙일 수 있다. 기본적으로 가늘고 긴 형태이므로 바퀴벌레가 자주 출몰하는 부엌 틈새 등에 붙이기 쉽다.

이것은 현대적인 인테리어와 잘 어울린다. 바퀴벌레는 세련된 기능미 속에서 포획되는 것이라고 할 수 있다. 한편으로 이것은 작지만 분명한 건축이며 구마 겐고라는 건축가의 생각을 이해하는 단서가 된다. 기념비적인 '하우스'를 부정하고 유동적인 '튜브'를 선택했다는 점 역시 그다운 발상이다.

과거 구마 겐고에게 〈건축가들의 마카로니建築家たちのマカロニ展〉 전시회를 위한 상상의 마카로니 설계를 부탁한 적이 있다. 그때 구마 겐고는 "마카로니는 구축적構築的인 데 비해서 스파게티는 비구축적이다. 극단적으로 말하면 마카로니에는 형태가 있으나 스파게티에는 형태가 없다. 오늘날 건축은 비구축적인 스파게티가 되어야 한다. 따라서 마카로니의 구축성을 어떻게 해체하는가가 나의 주제이다. 그 방법으로 양자의 경계를 완화해 보고 싶다."라고 답하며 스파게티의 양 끝을 연결한 듯한 마카로니를 제안해왔다.

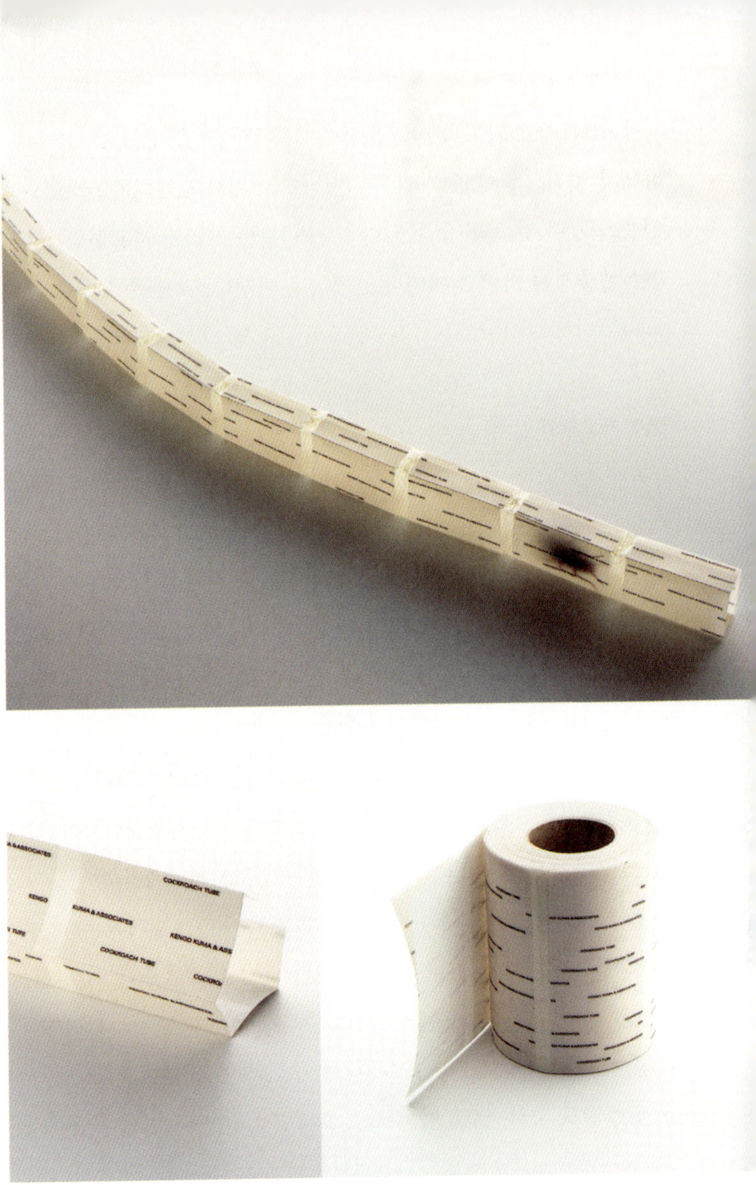

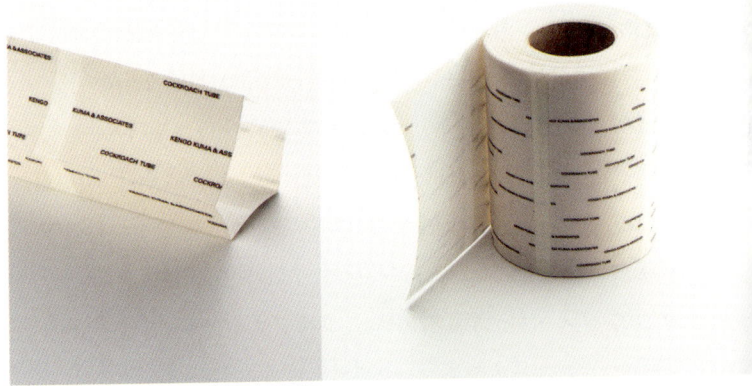

구마 겐고의 바퀴벌레 덫

건축가란 자기의 시점을 명확하게 작업에 반영시킨다는 점에서 멋진 결벽증을 가진 직업이라고 생각한다. 여기서는 건축가 구마 겐고의 작업을 부엌 주변의 일상적 수준에서 확실히 인식해주기를 바라는 바이다.

멘데 가오루와 성냥

이번에는 마찰로 불을 붙이는 성냥이 주제다. 요즘 가정에서도 성냥을 찾아보기 힘들어졌다. 담배에 불을 붙이는 것도 대부분 라이터이다. 나아가 불 그 자체를 다루는 기회조차 줄어들었다. 가스레인지에서는 아직 불을 쓰지만 전자파 조리 기구 등도 서서히 늘어나고 있다. '그러한 시대에 무슨 성냥?'이라는 의문을 갖는 사람도 있을지 모르지만 이것은 가장 친근한 '불'의 디자인이다. 이 문제는 아마 조명의 범위에 들어갈 것이라는 생각에 이 주제를 라이팅 디자이너인 멘데 가오루面出薫에게 의뢰하였다.

멘데 가오루는 유라쿠초有樂町의 도쿄 국제 포럼과 센다이 미디어테크 등과 같은 커다란 공공 공간의 조명을 담당한 라이팅 디자이너이다. 즉 빛의 디자이너이지 조명 기구를 디자인하는 사람은 아니다. 다른 표현으로, 빛과 동시에 어둠을 디자인하는 사람이기도 하다. 멘데 가오루는 '조명탐정단照明探偵団'이라는 팀을 결성하여 도시의 밤 조명을 살펴보는 워크숍을 개최하여 화제가

MATCHES FOR ANNIVERSARIES
FOR BIRTHDAY, FOR WEDDING
FOR SILVER WEDDING, FOR G
FOR ENGAGEMENT, FOR APPL
FOR GRADUATION,

멘데 가오루의 성냥

되기도 했다. 조명 탐정단의 보고에 따르면 도시의 밤거리에서
가장 강한 빛을 발하는 것은 자판기의 빛이라고 한다. 또 편의점
불빛도 이상할 정도로 많은 빛을 내뿜는다고 하는데, 그러고
보니 도쿄의 밤거리에 대한 인상을 결정짓는 것은 아마
이 두 가지의 빛인지도 모르겠다. 이러한 사실을 제대로 아는 것이
도시 디자인의 첫걸음이라는 생각으로 조명탐정단을 통해
스스로 실천하고 있다.

　　성냥에 대한 멘데 가오루의 답은 앞쪽 사진과 같다. 이것은
나뭇가지 끝에 발화제를 입힌 것으로 말하자면 땅에 떨어진 작은
나뭇가지에게 지구로 환원되기 전에 마지막 일을 시켜 보자는
발상이다. 이 디자인은 인간과 불의 몇백만 년에 걸친 관계를
생각하고 선조로부터 계승한 불이 있는 삶을 상상하면서 손바닥
위에 '불'을 놓아보자고 말하는 것이다. 떨어져 있는 나뭇가지의
형태도 자세히 보면 매우 아름답다. 그러한 아름다움의 존재를
정신없이 돌아가는 일상에서는 잊게 된다. 자연, 불 그리고 인간,
그 각각의 존재를 인상적으로 환기하는 디자인이다.

　　이것은 '기념일을 위한 성냥'이라는 설정이므로 기념일이나
생일 축하 케이크 초에 불을 붙일 때 사용하면 더욱 효과적이다.
역시 살아 있는 불에는 강한 상징성이 있다. 불에는 큰 피해를
줄 수도 있는 난폭한 파괴의 가능성과 창조의 본질이 동시에
잠재하기 때문일 것이다. 이 성냥 디자인에는 그런 거대한 상징적
의미가 오히려 소박하게 담겨 있다.

쓰무라 고스케와 기저귀

주어진 주제는 종이 기저귀지만 갓난아기를 위한 것은 아니다.
성인용 혹은 노인용 기저귀이다. 종이 기저귀는 1963년에 최초로
발매되었는데 1983년 고분자 흡수 소재가 채용된 이래 더욱
콤팩트화되고 착용감 등의 면에서 커다란 발전이 있었다고 한다.
기능적으로는 상당한 수준에 달했다지만 배려가 부족한 면도
있다. 예를 들어 만약 내가 내일 당장 배뇨 조절이 불가능해진다면
이것을 입고 다녀야만 한다. 그런 상황을 상상하면 나 자신이
한심하게 느껴진다. 왜냐하면 성인용 기저귀라지만 기본적으로는
갓난아기용 기저귀와 비슷한 형태이기 때문이다. 내가 사용하기도
싫지만 그것을 부모에게 사용한다고 생각하니 더욱 슬퍼진다.

이 주제를 의뢰한 것은 의상 디자이너인 쓰무라 고스케
津村耕佑이다. 그는 '파이널 홈Final Home'이라는 브랜드를 갖고
있는데, 파이널 홈이 지향하는 바는 유행이나 트렌드를 의식하는
통상의 의복 브랜드와는 차이가 있다. 그는 의복과 인간의 새로운
관계를 모색하는 실험성을 에너지 삼아 활동하고 있다. 그 예로
이런 옷을 만들었다. 그 옷에는 여기저기 지퍼가 달려 있다.
지퍼 안은 주머니라서 여러 물건을 많이 집어넣을 수 있다. 잡지,
신문을 구겨 집어넣다 보면 옷 자체의 형태가 변화하는 동시에
옷의 보온 기능이 향상된다. 특히 구깃구깃한 신문지 등은

보온성이 뛰어나므로 잘만 집어넣으면 이 옷을 입은 채 밖에서도 잠을 잘 수 있을 것 같다. 이것은 노숙자를 위한 옷은 아니지만 그런 상황까지 상상하게 하는 유용성을 가지고 있다. 옷의 소매가 지퍼로 어깨에 탈착되는 것도 있어 실제로 입어보니 생각했던 이상으로 신선했다. 이것을 보고 있으면 옷에 대한 의식이 변한다. 의복과 인간의 관계에 다양성을 추구하는 파이널 홈의 시도는 세계에서도 평가를 받아 인기를 끌고 있다.

사진에 보이는 것이 쓰무라 고스케가 보내온 답이다. 기본을 트렁크스형으로 잡아 멋지게 디자인되었다. 이 사진은 '사용 전, 사용 후'가 아니다. 하단 왼쪽의 사진은 투과 조명으로 촬영했는데 검은 부분이 고분자 흡수 소재이다. 고분자 흡수 소재는 성능이 뛰어나 트렁크스형이어도 샐 염려가 없다. 이 기저귀의 놀라운 점은 아름다운 외관뿐 아니라 더욱 중요한 제안을 디자인에 숨겨 두었다는 점이다.

그것은 이 디자인이 인간의 체액 흡수를 위한 '한 벌의 옷'으로 제안되었다는 것. 러닝셔츠나 티셔츠, 혹은 쇼트 팬츠처럼 보이는 것도 있는데, 자세히 보면 각 옷의 끝단에 글자가 써 있다. 그것은 각각의 흡수성 정도를 표시한 것으로서 이 옷은 흡수성 수준이 3단계로 설정되어 있다. 가볍게 땀을 흡수하는 정도의 셔츠나 쇼트 팬츠는 '흡수 수준 1', 기저귀는 가장 체액의 흡수력이 높은 '흡수 수준 3'이다.

따라서 만약 내가 내일 기저귀를 차야 하는 상황이 되었다고

쓰무라 고스케의 기저귀

해도 이 일련의 옷 중에서 흡수 수준이 3인 트렁크스를 선택하기만
하면 된다. 말하자면 갓난아기와 같은 모양의 기저귀를 착용해야
한다는 심리적 저항감이 완전히 불식된다. 쓰무라 고스케의
기저귀는 이러한 심리적 배려를 디자인만으로도 깔끔하게
해결할 수 있다는 것을 증명해 보인다.

후카사와 나오토와 티백

후카사와 나오토深澤直人는 제품 디자이너이지만 평범한 디자이너가
미처 보지 못하는 미묘하고 섬세한 지점에서 디자인을 시작한다.
말하자면 무의식 영역을 디자인하는 디자이너로, 그의 디자인이
효과를 발휘하고 있어도 사람들은 그곳에 디자인이 기능하고
있다는 사실을 눈치채지 못한다. 그곳에 전략이 작용하고 있다는
것을 눈치채지 못하게 하면서 어떤 행위를 유도하거나 히트 상품을
만들 수 있는 디자이너는 실로 위협적이 아닐 수 없다. 후카사와
나오토가 좋지 않은 목적으로 악용당하기 전에 우리는 그 디자인의
비밀을 확실하게 파악해 둘 필요가 있다.

후카사와 나오토는 이렇게 말한다. 예를 들어 우산꽂이를
디자인하라고 하면 대부분 머릿속에 '원통형'을 떠올릴 것이다.
그러나 후카사와 나오토는 그러한 발상을 배제해야 한다고 말한다.
현관 앞 벽면에서 15센티미터 정도 떨어진 콘크리트 바닥 면에

폭 8밀리미터, 깊이 5밀리미터 정도의 홈을 파기만 하면 된다.
우산을 세워 두고 싶은 사람은 무엇보다 우산 끝을 고정할 수
있는 장소를 찾는다. 그런 행위를 내다보고 새겨진 홈은 틀림없이
그것을 찾는 우산 끝에 의해 발견될 것이고 그 결과로서 현관
앞에 우산이 정연하게 나열될 것이다. 이 '홈'이 바로 우산꽂이다.
사용하는 사람은 이것을 우산꽂이라고 느끼지 못할 수도 있다.
그러나 무의식적인 행위의 결과로 우산이 정연하게 나열된다.
후카사와는 그것으로 이미 디자인은 완료되었다고 말한다.

　　　이런 식으로 인간의 무의식적인 행위를 치밀하게 탐구하면서
그곳에 조금이라도 가까워질 수 있도록 디자인하는 것이
후카사와의 방식이다. 이것은 '어포던스affordance'라는 새로운
인지 이론을 연상시키는 사고방식이다. 어포던스는 행위의 주체뿐
아니라 어떤 현상을 성립시키는 환경을 종합적으로 파악해나가는
사고방식이다. 예를 들어 '서다'라는 행위는 주체가 되는 인간의
의식적인 행동으로 보이지만 실제로는 '중력'과 '어느 정도 딱딱한
지면'이 없으면 '서다'라는 행위는 실현되지 않는다. 무중력이면
몸이 붕 떠버릴 것이고 수심이 깊은 수영장에서도 '서다'는
성립하지 않는다. 이 경우 중력과 딱딱한 지면이 '서다'라는 행위를
'이끌어낸다afford'고 할 수 있다. 그의 또 다른 설명을 인용하면,
예를 들어 여자 친구와 단둘이 드라이브를 하고 있을 때 커피가
마시고 싶어서 자판기 앞으로 다가갔다고 하자. 동전을 넣고
버튼을 누르면 종이컵에 한 잔의 커피가 담겨 나온다. 이 컵을

손에 든다면 지갑에서 다음 동전을 꺼내어 자판기에 투입할 수
없다. 종이컵을 어딘가에 두어야만 한다. 여자 친구는 차 안에 있다.
주변에는 그것을 둘 만한 장소가 없다. 그런데 바로 옆에 컵을 올려
두면 딱 좋을 만한 높이의 승용차 지붕이 있다. 모양새는 나쁠지
모르지만 어쩔 수 없이 컵을 일단 승용차 지붕에 놓고 다음 커피를
위하여 동전을 넣는다. 이 경우 지붕은 분명 탁자로 설계된 것은
아니지만 그 알맞은 높이와 평평한 판은 커피를 둔다는 행위를
'이끌어내고' 있다. 그 결과로서 지붕 위에 커피를 둔다는 행위가
발생한다. 이와 같이 어떤 행위와 연결 지을 수 있는 다양한 환경과
상황을 종합적이고 객관적으로 관찰해나가는 태도가 '어포던스'다.
후카사와는 어포던스 이론에서 디자인을 찾아내는 디자이너는
아니다. 그러나 그가 주목하는 요점은 어포던스적인 발상에 매우
근접해 있다.

후카사와가 디자인한 CD 플레이어를 본 적이 있는가?
그것은 거의 '환풍기'와 유사한 형태이다. 중앙에 CD를 넣고
환풍기의 끈에 해당하는 위치에 설치된 코드를 잡아당기면
마치 환풍기가 움직이는 것처럼 CD가 회전하기 시작한다. 그것이
CD 플레이어라는 사실을 알고 있어도 뇌에 새겨진 환풍기의
기억이 작용하여 그것을 바라보는 우리 몸이 자기도 모르게 미세한
반응을 보인다. 특히 뺨 부근의 피부가 매우 섬세한 촉각 센서를
활성화해 불어오는 바람을 맞이하려 한다. 그러나 바람은 오지
않고 대신 음악이 곁에서 들려올 것이다. 환풍기 형태로 디자인한

탓에 오디오 기기로서의 성능은 다소 희생되었을지 모르지만 음악을 기다리는 인간의 센서를 활성화함으로써 상대적으로 성능을 배가시키는 것일지도 모른다. 이와 같이 사물과 디자인 간에 마법과도 같은 관계를 만들어내는 것이 후카사와의 방법이다. 통상의 오디오 기기와는 발상이 다른 이 무인양품의 CD 플레이어는 세계적인 인기를 불러왔다.

그렇다면 후카사와에게 의뢰한 주제는 무엇일까? 그것은 다름 아닌 '티백'이다. 지금은 전 세계에서 수확하는 홍차의 90퍼센트가 티백 형태로 만들어진다고 한다. 그와 같은 일반화된 디자인에서 어떤 해답을 발견할 것인가? 후카사와는 세 가지를 제시했으나 여기서는 두 가지 제안을 소개하기로 한다.

먼저 손잡이 부분이 고리 모양으로 된 것. 이 고리의 색깔은 홍차가 제일 맛있어지는 시점의 색깔과 비슷하다. 단 이것은 이 색깔이 될 때까지 홍차를 마시지 말라는 지표는 아니다. 그렇게 귀찮은 이론이 내포되어 있지는 않다. 그러나 오랜 시간 이것을 사용하는 사이에 홍차의 색과 고리의 색의 관계를 차츰 의식하게 될 것이라고 후카사와는 생각한다. 자신은 고리보다 진한 편이 좋다거나 혹은 오늘은 엷게 타서 마시자는 식으로, 즉 색채의 의미를 특별히 상정하지 않더라도 그곳에 의미를 발생시키기 위한 준비는 해둔다. 무엇인가를 이끌어내는 잠재성을 디자인해둔다.

또 하나의 디자인은 목각 줄 인형극을 연상하게 하는 마리오네트형 티백. 홍차를 타는 모습이 마리오네트를 조정하는

후카사와 나오토의 CD 플레이어

후카사와 나오토의 티백

동작과 닮았다는 것에서 발상이 떠올랐다고 한다. 티백 손잡이가
마치 마리오네트를 조정하는 핸들과 같은 형태로 되어 있고 티백은
인간의 형태이다. 찻잎이 젖으면 티백 가득 부풀어 검은 인형이
된다. 그것을 흔들고 있는 사이에 마리오네트를 조정하는 듯한
신기한 기분에 휩싸인다. 무의식적으로 장치된 디자인이 행위를
통하여 드러나는 것이다.

세계를 순회하는 디자인 전시회

이것으로 '리디자인' 이야기는 끝을 맺기로 하자. 32개나 되는
작품을 모두 해설할 필요는 없다. 앞에서 소개한 몇 가지 사례만
보아도 이 프로젝트의 의도를 충분히 이해할 수 있으리라고
생각한다.

우리가 살아가는 일상은 이미 디자인에 파묻혀 있는 것처럼
보인다. 바닥도, 벽도, 텔레비전 모니터도, CD도, 책도, 맥주병도,
조명 기구도, 목욕 수건도, 컵도……. 분명 그것들은 모두 디자인의
소산이다. 그러한 일상을 미지의 것으로 만들고 항상 신선하게
재인식해나가는 재능을 갖는 것이 디자이너이다.

21세기는 듣지도 보지도 못한 것들이 만들어지고 무엇이든
끊임없이 혁신되어 나갈 것으로 생각하고 있었지만 그러한 발상은
오히려 20세기에 남겨 두고 오는 편이 좋다. 새로운 시대는 우리가

이미 알고 있는 일상이 끊임없이 미지화되어 새롭게 등장하는 시대다. 모르는 사이에 언제부터인가 휴대전화가 커뮤니케이션의 주역이 되어 있는 것처럼 익숙한 일상의 모든 틈새에서 미래가 조금씩 눈앞에 모습을 나타내더니 어느새 우리는 미래의 한가운데 놓여 있다. 새로운 것이 '파도'처럼 저 멀리서 밀려오는 이미지는 이미 과거의 것이 되었다.

또한 과학 기술의 변화가 생활의 근간에 영향을 미쳐 세계를 석권해가는 상상도 지금까지는 환상에 그친다. 과학 기술은 분명 생활에 새로운 가능성을 부여해주지만 그것은 어디까지나 환경이지 창조 그 자체는 아니다. 테크놀로지가 가져온 새로운 환경 속에서 무엇을 의도하고 실현할 것인가는 인간의 지혜에 달려 있다. 리디자인 전시회는 일본의 4개 도시에서 개최된 뒤 세계 각지의 미술관으로 보내졌고, 가끔 초빙되기도 하면서 세계를 순회하는 궤도에 올랐다. 각 도시를 도는 도중에도 계속해서 순회 의뢰가 밀려들어 앞으로 수년 동안은 월드 투어가 계속될 것 같은 추세다. 글라스고를 시작으로 코펜하겐을 거쳐 홍콩, 토론토, 상하이, 베이징, 밀라노, 베를린, 멜버른 그리고 마지막으로 뉴욕을 순회할 예정이다.

이미 개최된 지역에서는 의외로 커다란 반향을 일으켰다. 처음에는 이 특이한 전시회를 유머 디자인전이라고 잘못 보도한 적도 있었지만 그러한 오해까지도 포함하여 각국의 미디어는 뜻밖에 열심히 이 전시회를 기사화해주었다. 결과적으로 전시회의

취지는 천천히 판명되었고 오히려 커다란 충격을 만들고 있는 듯하다. 2만 명이 넘는 관객 동원을 기록한 글라스고에서는 8개 초등학교가 리디자인 전시회가 개최되고 있는 미술관을 찾아와 워크숍을 열었다. 그런가 하면 런던에서의 전시회는 2개월이나 연장되었다.

세계는 지금 눈치채기 시작한 것이다. 세계 전체를 합리적인 균형으로 이끌 수 있는 가치관을 세우거나 사물을 느끼는 방식을 사회 곳곳에서 제대로 바꾸지 못한다면 아무짝에도 소용없다는 사실을. 그리고 확실하게 변화하기 시작했다. 공정한 경제, 자원, 환경 그리고 서로의 사상을 존중하는 것 등 모든 국면에서 서서히 불균형에 대처해나가는 감수성이 요구된다.

디자인이라는 개념은 처음부터 그런 감수성과 합리성 근처에 서 있었다. 그러한 의미로 디자인이라는 개념의 본질이 재인식되고 있다. 이번 리디자인 전시회의 순회를 통하여 그것을 확실히 느낄 수 있었다.

제3장 정보의 건축이라는 사고방식

감각의 영역

나는 그래픽 디자이너다. 단 취급하는 영역을 시각적인 것으로
제한하고 있지는 않다. 촉각을 비롯하여 다양한 감각 채널을
향하여 메시지를 만들고 있다. 예를 들어 한 장의 전시회 티켓.
인쇄된 사진이나 문자는 시각적인 것이지만 그 정보를 기재하고
있는 종이는 추상적인 하얀색 평면이 아니다. 손끝에 섬유의
질감을 전해주는 물질로서 미세하게나마 무게감도 느껴진다.
그래서 우리는 그것을 손바닥에서 둥글게 말기도 하고 반으로
접기도 한다. 즉 그것은 촉각이라는 자극을 싣고 있다. 그리고 만약
거기에 인쇄된 것이 깊은 숲의 사진이라면 그것은 시각에 그치지
않고 청각과 후각 등의 기억까지도 미묘하게 자극한다. 결과적으로
사람의 뇌리에는 몇 가지 자극이 축적되어 복합적인 이미지가
태어나게 된다. 말하자면 정보를 다루는 인간은 감각 기관의
다발이다. 이렇게 정보를 받아들이는 사람들에게 전달하기 위하여
디자이너는 각종 정보를 조합한 메시지를 만들어낸다.

　　일반적으로 '오감'이라는 말을 사용한다. 시각, 청각, 촉각,
후각, 미각의 다섯 가지 감각을 지칭하는 단어인데, 이것은
'오관五官' 즉 눈, 귀, 피부, 코, 혀라는 감각 기관에 대응한 감각의

분류이다. 그러나 감각이라는 것이 단순하게 다섯 개로 집약될
리 없다. 예를 들어 손끝에서 미묘하게 느껴지는 미세한 접촉과
손바닥으로 손잡이를 누르는 듯한 감각이 동일한 '촉각'으로
분류되는 것은 왠지 모르게 저항감이 느껴진다. 뼈나 힘줄에 대한
자극은 오히려 '압각壓覺'이라고 하는 편이 좋지 않을까. 미각도
마찬가지다.

　　입 안과 혀로 느끼는 감촉과 후각이 미묘하게 뒤얽힌
감각, 입 안 가득 빵을 베어 물었을 때나 혀끝으로 달콤한 크림을
핥을 때의 느낌 또는 뜨거운 수프를 마실 때의 감각을 모두 묶어
'미각'으로 불러도 되는 것일까? 감각에 대한 이야기를 하자면
끝이 없다. 스웨터에 얼굴을 파묻었을 때에 느끼는 감각과 후각은
스웨터를 다시 본 것만으로도 뇌의 한쪽 구석에 떠오르게 된다.
수세미의 표면이 얼마나 거친지, 마룻바닥을 맨발로 걸을 때 어떤
느낌이 드는지, 이런 것들은 기억 속에 경험된 감각으로 축적되어
이후에 그것을 표현하는 언어나 사진을 마주 대하기만 해도
뇌 저편에서 재생되어 풍요로운 이미지를 형성한다.

　　감각은 이와 같이 서로 연계된다. 인간은 매우 감각적인
수용 기관의 다발인 동시에 민감한 기억 재생 장치를 갖춘 이미지
생성 기관이다. 인간의 머릿속에 발생하는 이미지는 여러 가지
감각 자극과 재생된 기억으로 만들어지는 스펙터클 영화와도
같다. 바로 이곳이 디자이너의 영역인 것이다. 디자이너로서
여러 경험을 거치는 사이에 스스로가 그러한 감각의 영역에서

일을 하고 있다는 자각이 점점 강해졌다. 이번 장에서는 감각이 복합되어 이미지를 형성한다는 관점에서 내가 경험한 몇 가지 작업을 되돌아보고자 한다.

정보의 건축

나는 감각 혹은 이미지의 복합이라는 문제에 대하여, 디자이너는 수용자의 뇌 속에 정보를 건축하고 있다고 생각한다. 그 건축은 다양한 감각 채널에서 들어오는 자극으로 만들어진다. 다음 쪽의 그림1에서 보이듯이 시각, 촉각, 청각, 후각, 미각 나아가 그것들의 복합을 통해서 주어지는 자극이 두뇌 속에서 재생되어 우리가 '이미지'라고 부르는 것이 출현한다.

　　또한 이 두뇌 속 건축에는 감각 기관에서 주어진 외부 입력뿐 아니라 그것을 통해서 깨어난 '기억'까지도 그 재료로 활용된다. 기억이라는 것은 그 주체가 의지적으로 과거를 반추하기 위해서만 존재하는 것이 아니라 외부로부터의 자극을 통해 끊임없이 재생되면서 새로운 정보를 해석하기 위한 이미지의 모델링으로 작용한다. 즉 이미지란 감각 기관을 통해서 외부로부터 들어온 자극과 그에 의해서 재생되는 과거의 기억이 두뇌 속에서 복합, 연계된 것이다. 디자인이라는 행위는 이와 같은 복합적인 이미지의 생성을 전제로 하여 적극적으로 그 과정에 참여한다.

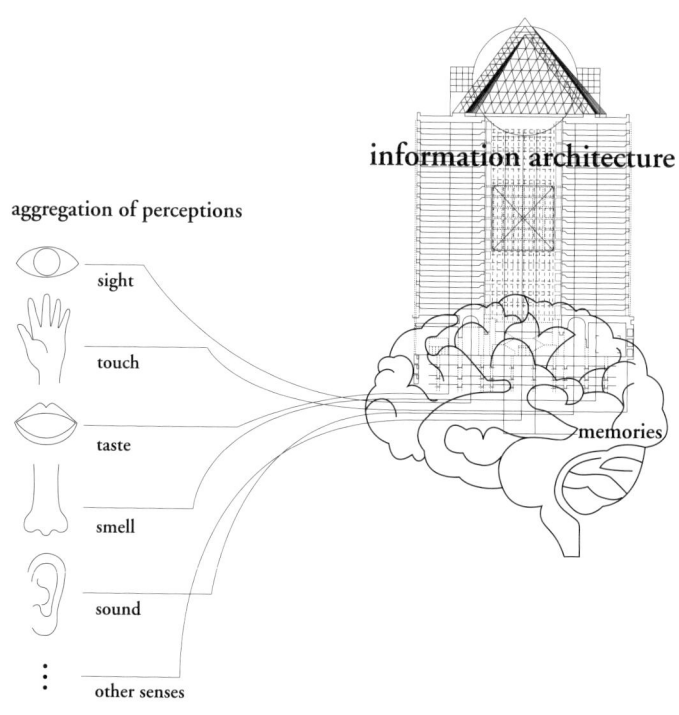

aggregation of perceptions

sight

touch

taste

smell

sound

other senses

information architecture

memories

그림 1

이것을 정보의 건축이라고 부르는 이유는 그 복합적인 이미지를
의도적으로 또 계획적으로 발생시키는 것을 의식해서이다.

그림 2는 같은 내용을 전혀 다른 발상으로 표현한 것이다.
마치 한방의 침과 뜸자리를 표시한 그림처럼 보인다. 두뇌는
머릿속에 하나만 있는 것이 아니라 통점처럼 신체 곳곳에 흩어져

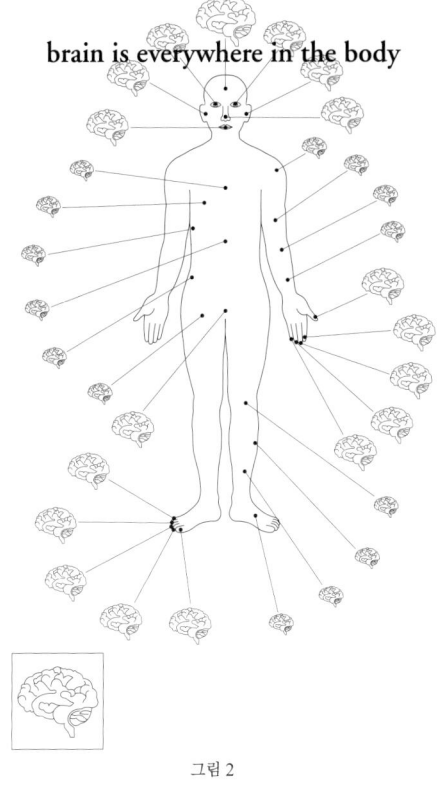

그림 2

있다. 우리는 이와 같은 800만 개의 뇌 세포를 상대로 일하고
있다. 정보의 건축이라는 사고방식이 서양적 분석적인 발상이라고
한다면, 이것은 동양적인 해석일지도 모른다. 어느 쪽에 현실성이
있는지는 잘 모르겠지만 이것은 우리가 일을 하는 장소, 즉 정보를
수용하는 인간이라는 영역에 대한 나만의 개념도라고 할 수 있다.

나가노 동계 올림픽 개회식 프로그램

종이를 디자인하다

이제부터 구체적인 사례를 들어 정보의 건축에 대해서 이야기를
진행해 보자. 처음 살펴볼 것은 1998년 나가노長野 동계 올림픽
개회식 및 폐회식 프로그램 디자인이다. 일본의 전통을 바탕으로
하면서 현대적인 그래픽으로 전 세계에서 방문한 손님을 맞이하는
작업이다. 프로그램의 기본적인 역할은 식전 행사의 내용을
그 전개에 맞추어 해설하는 것. 구체적으로 말하면 젠코지善光寺의
종소리를 신호로 고하시라다테御柱立て, 건축에서 처음 기둥을 세운 뒤
이를 축하하는 의식 의식이 펼쳐지고 스모 챔피언 요코즈나橫綱가
등장, 올림픽기와 선수들이 입장한 다음 성화가 점화되고
개회가 선언된다. 이 프로그램은 이러한 일련의 흐름을 담고
있다. 일본어는 세로로 영어와 프랑스어는 가로로 쓴 레이아웃은
국제적인 무대에서는 처음 시도하는 것이었는데, 이 디자인에
관해서도 하고 싶은 이야기가 산더미처럼 많다. 그러나 여기서
말하려는 것은 그래픽의 내용이 아니다. 프로그램을 만들기 위해
사용한 소재가 그 주인공이다.

이 작업을 시작하면서 처음 생각했던 것은 이 프로그램을
동계 올림픽의 기억을 간직할 수 있는 미디어로서 결코
잊히지 않는 인상적인 것이 되도록 만들자는 것이었다. 개회식
식전 행사는 선수이건 관객이건 또 관계자에게도 절실한 체험이

개회식 프로그램 중 고하시라다테

개회식 프로그램 중 요코즈나 퍼포먼스 | 일러스트레이션 다니구치 히로키谷口広樹

될 것이므로 그 체험을 보존하는 기념물로서 이 프로그램을 만들어
보자고 생각했다. 이런 아이디어는 표지의 소재에 집약되어 있다.
즉 겨울 제전에 어울리는 '눈과 얼음'의 이미지를 환기시키는
'종이'를 디자인한 것이다. 표지에 배치된 문자를 모두 디보스deboss,
형태를 눌러 요철로 표현하는 기법로 가공한 푹신푹신한 흰색 종이, 더욱이
눌려 들어간 문자 부분이 마치 얼음처럼 반투명하게 보이는
효과를 만들어내는 종이를 제지 회사에 의뢰하여 새로 개발하였다.
올림픽을 후원하고 있던 제지 회사도 이 종이 개발에 의욕적으로
참여해주었고 덕분에 '눈과 얼음의 종이'는 의도대로 실현되었다.
문자를 새긴 금속판에 열을 가하여 종이에 눌러 찍음으로써
움푹한 효과뿐 아니라 종이 섬유의 일부분이 녹아 반투명하게
되는 효과까지 얻을 수 있다. 여기서는 안타깝게도 사진으로밖에
보여 줄 수 없지만 모든 촉각을 세워 자세히 보아주었으면 한다.
푹신한 흰색 종이에 프랑스어와 영어, 일본어 문자가 요철 상태로
각인되어 있고 그 부분은 얼음처럼 빛이 투과한다.

눈을 밟던 기억을 되살리다

누구나 다 기억의 저편에 이런 풍경을 가지고 있을 것이다. 밤새
눈이 내린 다음 날 아침, 초등학교 교정이나 행인이 뜸한 골목길을
지나고 있다. 밤새 내린 눈이 푹신하게 쌓여 있는 백색 평면은 아직
아무도 밟은 흔적이 없다. 그곳을 맨 처음 걸어서 지나갔던 기억.
자신의 발이 마치 솜과 같은 눈을 밟아나간다. 발자국이 반투명한

눈을 밟던 기억

얼음처럼 지면의 어둠을 투영한다. 그리고 점점이 남는 발자국……. 이런 기억이 이 표지를 보는 사람들의 이미지 속에 재생되고 또 다른 기억으로 남지 않을까. '눈과 얼음의 종이'는 그러한 이미지를 사람들의 머릿속에 불러일으키는 방아쇠인 것이다. 이러한 장치를 계획하는 과정이 바로 디자인이다.

눈과 얼음의 이미지를 만들어내는 부드러운 소재 중앙에 짙은 빨간색 성화를 새겨 넣었다. 광택이 나는 붉은 불꽃이 푹신푹신한 눈의 중앙에 묵직하게 자리 잡고 있다. 이러한 촉각의 콘트라스트에 의해서 표지가 완성되었다. 프로그램은 그러한 복합적인 이미지를 맨 앞에 간직한 채, 앞서 소개한 행사 내용에 대한 그래픽으로 이어진다. 물론 이 프로그램 자체가 정보의 건축이라는 뜻은 아니다. 그것은 이 프로그램이라는 일련의 정보를 접한 사람들의 머릿속에 구축되어 가는 것이다.

병원의 사인 계획

공간을 부드럽게 하는 촉각

야마구치山口현 히카리光시에 있는 우메다梅田 병원은 산부인과와 소아과 전문 병원이다. 이 병원의 설계를 담당한 건축가 구마 겐고의 소개로 우메다 병원장을 만나게 되었고 이 병원의 사인 시스템 디자인을 맡게 되었다. 그리고 이 작업을 통해서도

개회식 프로그램 표지

'정보의 건축'에 대한 실마리를 얻을 수 있었다.

이 병원 사이니지signage의 가장 큰 특징은 사인 자체가 '천'으로 만들어졌다는 점이다. 그 첫 번째 이유는 부드러운 공간을 설계해 보고 싶었기 때문이다. 이 병원에서 시간을 보내는 사람들은 환자가 아니다. 임신부가 출산 전후를 평온한 마음으로 지내는 장소이다. 보통의 병원이라면 환자를 맞이하는 긴장된 공기가 필요하다. 신뢰할 수 있는 고도의 의료 기술이 이곳에 있다는 팽팽한 긴장감은 병든 몸을 맡겨야 하는 환자에게는 마음을 놓게 하는 요소가 될 수 있으리라. 친근한 의료 서비스라는 발상도 있을지 모르지만 '민박'과 같은 느낌이 드는 병원에서 누가 수술을 받으려 하겠는가. 그러므로 병원이라는 공간에는 결벽이 심한 수간호사의 엄격함과 같은 긴장감이 필요한 것이다. 그러나 출산 전후의 시간을 보내는 장소라면 조금은 다른 관점에서 공간을 바라보아도 좋지 않을까.

최근 급격한 출산율 저하로 병원의 경영에도 많은 변화가 일어나고 있다. 감소하는 임신부는 경쟁을 해서라도 유치해야 하는 손님이 되고 말았다. 호텔 같은 서비스를 전략으로 내세우는 병원, 침대 시트에서 화장대까지 명품으로 가득 채워 놓은 병원도 등장하여 고객의 욕구를 자극한다. 병원이 아닌 아름다운 남쪽 섬에서 '바닷물 속에서의 분만'을 하려고 일부러 먼 곳까지 찾아가는 임신부 이야기도 들었다. 요즘의 출산은 어떤 의미에서는 인생의 가장 큰 이벤트가 된 듯하다.

그러나 우메다 병원에서는 이런 별난 것을 의뢰하지 않았다.
이 병원은 모유를 통한 육아를 장려하며 모유가 나오지 않는
경우에는 가급적 엄마 품에서 우유병을 빨게 하고 있다. 이렇게
모자 사이의 스킨십을 중시하는 육아 지도를 실천함으로써
유니세프와 세계보건기구로부터 'Baby Friendly Hospital' 인증을
받은, 뛰어난 기술과 진취적인 사고방식을 가진 병원이다.
이런 사고방식이 병원을 찾는 사람들에게 자연스럽게 전달되는
디자인을 생각해주면 좋겠다는 의뢰였다.

백색 천을 깨끗이 유지하겠다는 커뮤니케이션

결과적으로 사이니지에는 백색 면綿을 사용하기로 했다. 고정용
스탠드는 벽이나 천장에 고정되어 있지만 병실 명칭과 방향 유도를
위한 정보가 인쇄된 사인 자체는 백색 천을 사용했으며 어떤
부분은 양말처럼 또 어떤 부분은 침대 시트를 바꾸듯이 고정용
스탠드에서 탈착할 수 있게 해 놓았다.

　　기본적으로 천은 부드럽다. 따라서 이 사인이 부착되는
공간 역시 부드러운 표정이 된다. 그러나 더욱 중요한 점은 따로
있다. 천으로 만들어진 사인이 흔들리고 있으면 아이들은
분명 흥미를 나타내고 그것을 만지려고 할 것이다. 이제 막
초콜릿을 먹은 손으로 만질 것이다. 이것이 바로 핵심이다. 나는
쉽게 더러워질 것을 뻔히 알면서도 흰색 천을 사용했다.
모든 사이니지에는 양말이나 샤워 캡처럼 탈착이 자유로운

4F

4

설계로 되어 있다. 고무줄이 달려 있어 교환도 용이하다. 따라서 더러워지면 즉시 벗겨내어 세탁만 하면 된다.

그런데 왜 이렇게 귀찮은 방법을 생각한 것일까? 더러워질 것을 뻔히 알았다면 애초에 쉽게 더러워지지 않는 비닐이나 더러워져도 눈에 뜨이지 않는 짙은 색으로 사인을 만들면 되지 않았을까? 그렇게 생각하는 것이 당연할지 모른다. 그러나 여기서는 이런 발상을 반대로 바꾸어 버렸다. 일부러 더러워지기 쉬운 천을 사용한 것이다. '더러워지기 쉬운 것을 항상 청결하게 유지하겠다.'라는 것을 실천해 보이고 싶었기 때문이다. 더러워지기 쉬운 것을 항상 청결하게 유지한다는 것은 손님들을 위해서 최상의 청결함을 확보한다는 뜻을 담고 있다. 출산을 앞둔 병원 실내를 부드럽게 보이도록 하고도 싶었지만 '최고의 청결함'이야말로 산모들에게 가장 필요한 것이 아닐까. 최적으로 관리된 청결함이야말로 출산 전후의 시간을 보내는 사람들에게 높은 안도감을 전할 수 있다. 사인을 백색 천으로 만들고 그것을 항상 청결하게 유지함으로써 손님에게 최상의 의료 서비스의 존재를 전달하고자 하는 것이다.

이것은 일류 레스토랑이 하얀색 테이블보를 사용하는 것과 마찬가지 논리이다. 최고급 레스토랑의 테이블보는 얼룩 하나 없이 하얗다. 요리를 놓는 테이블은 더러워지기 쉽다. 따라서 오염을 숨기려면 짙은 색이나 비닐로 된 테이블보를 사용하면 된다. 그러나 고품격 레스토랑은 최고의 청결함을 갖춘 서비스를

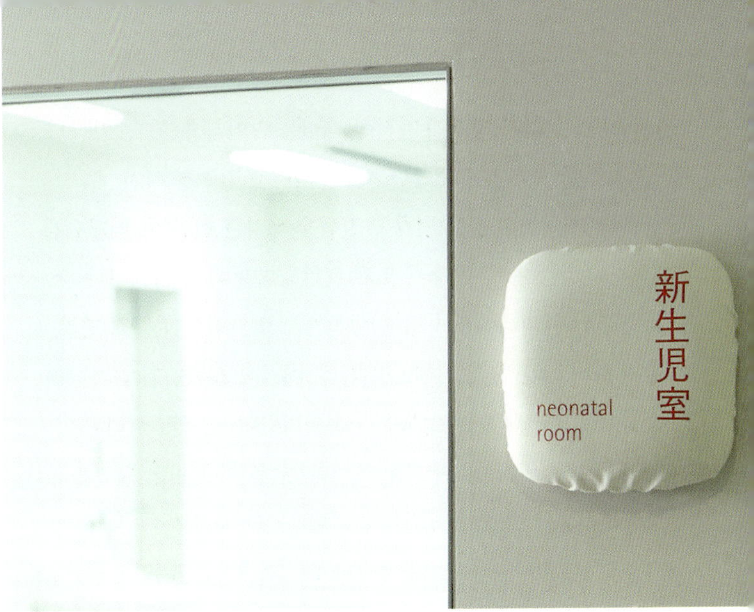

新生児室

neonatal
room

신생아실 사인

순백색 테이블보

나타내기 위하여 일부러 새하얀 테이블보를 사용하고 있다.

사이니지는 본래 사람들을 유도하는 기능을 가진 단순한 '지시'이지만 그것이 공간에 존재하는 이상 어떤 물체가 될 수밖에 없다. 즉 공중에 문자나 화살표만 떠 있게 하는 것은 불가능하다. 따라서 사인은 일반적으로 아크릴이나 금속, 목재, 유리 등과 같은 물질 위에 표시된다. 이것이 사이니지 디자인의 숙명이다. 이 병원에서는 사이니지의 숙명인 물질성을 다른 목적으로 활용함으로써 유도 표식과는 다른 커뮤니케이션을 창출하는 시도를 했다. 곧 흰색 천으로 만들어진 사이니지의 운용을 통해서 우메다 병원을 체험하는 사람들의 뇌리에 '청결함'이 각인되도록 계획한 것이다.

마쓰야 긴자 리뉴얼 프로젝트

촉각으로 느끼는 미디어

2001년 3월 긴자 거리에 접해 있는 백화점 '마쓰야 긴자松屋銀座'가 리뉴얼을 끝내고 새로 개장하였다. 이른바 '백색 마쓰야 긴자'의 탄생이다. 이 프로젝트는 매장 공간을 비롯하여 포장재, 광고 등 다양한 영역에 걸친 종합적인 작업이었던 동시에 각각의 디자인에 '감촉'이라고 표현해도 좋을 정도의 촉각 요소를 적용한 작업이기도 했다.

'백화점'이라는 잘 알려진 상업 공간을 신선한 메시지로 알리려면 이미 시도되고 있는 방법을 통한 커뮤니케이션으로는 기대하는 효과를 얻기가 쉽지 않다. 일반적인 미디어로 캠페인을 하거나 윈도 디스플레이에 영상을 곁들이는 정도의 잔꾀가 아니라 물체로서 존재하는 백화점 그 자체를 '촉감으로 알 수 있는 미디어'로 재구축하는 것이 효과가 있으리라고 생각했다. 백화점은 가상적인 숍이 아니라 인간이 직접 몸을 움직여 쇼핑을 체험하는 장소이다. 따라서 촉각적 '공간의 감촉'을 디자인함으로써 고객의 뇌리 속에 과거에 없던 개성 있는 백화점이라는 인상을 깊이 새길 수 있을 것으로 생각했다. 이미지의 통합이나 조작을 행하는 디자인으로는 마크나 로고 등의 심벌을 효과적으로 활용해나가는 VI Visual Identification라는 방법이 있다. 이것은 기업 이미지나 브랜드에 대해 뛰어난 인지 효과를 만들어내는 방법이지만 눈에 보이는 기호를 조작해서 이룰 수 있는 성과에는 한계가 있기 마련이다. 앞에서 설명한 것처럼 인간은 매우 적극적인 감각의 수용체이다. 이렇듯 감각적인 수용자에게 '어떻게 촉감을 통해 새로운 마쓰야 긴자를 알릴 것인가?'를 계획하는 것은 상업 공간의 커뮤니케이션에 새로운 감각의 지평을 여는 것과 같다. 마쓰야 긴자의 리뉴얼 프로젝트는 그와 같은 성격의 작업이었다.

마쓰야 긴자가 구상한 리뉴얼 지침은 '생활 디자인'에서 '패션'으로 백화점 이미지의 축을 옮기는 것이었다. 지금까지 마쓰야 긴자의 이미지 중심에는 패션보다는 양질의 생활이란 이미지가 있었다. 그러므로 첨단의 유행을 위해서라기보다는 질 좋은 생활을 찾아 마쓰야 긴자를 방문하는 듯한 인상이 강했다. 그것은 그것대로 의의가 있었다고 생각하지만 패션을 강화해야 한다는 경영진의 판단 아래 전 세계 베스트 20에 들어가는 패션 브랜드 가운데 아홉 개가 한꺼번에 입점하게 되었다. 나아가 마쓰야 긴자의 리뉴얼을 결정하기 수개월 전, 이웃에 루이뷔통이 새로운 매장을 열었다. 말하자면 마쓰야 긴자는 안팎으로 '패션'을 강력히 떠안게 되었다.

모형으로 확인하는 '백색'과 '감촉'

애초 리뉴얼에 관련해서 내가 의뢰받은 일은 광고 기획이었다. 그러나 앞에서 설명했듯이 백화점이라는 기존의 이미지를 신선한 정보로 치환해가려면 광고만으로는 도저히 불가능하다. 모든 디자인을 어딘가에 집약시켜야 한다고 생각했다.

처음 착수한 것은 모형 제작이었다. 이 책의 주제를 충실히 따르자면 '정보의 건축 모형'이라고 할 수 있다. 이 모형 제작을 통해서 아이디어를 집약해나갔다. 이번 디자인의 중요한 포인트는 마쓰야 긴자가 개성이 강한 세계적 패션 브랜드들을 얼마나 자연스럽게 껴안을 수 있는가에 달려 있었다. 브랜드를 백화점에 억지로 끼워 넣은 듯한 인상은 피하고 싶었다. 그렇게 하기 위해서는 그곳에 고상하고 기품 있는 포용력을 발생시키는 인자를 적용시켜야만 한다. 나는 그 인자로 두 가지를 생각해냈다.

하나는 '백색'이라는 색채 또 다른 하나는 '텍스처', 즉 촉각을
자극하는 물질의 감촉이다.

이 '백색'과 '텍스처'가 어떻게 작용해야 마쓰야 긴자의
이미지를 쇄신할 수 있을지 또 세계의 패션 브랜드를 포용하는
힘을 만들어낼 수 있을지를 고민한 결과, 모형이라는 '보고
만질 수 있는 물체'를 통해서 표현해 보고자 했다.

모형 제작 방법은 이렇다. 먼저 마쓰야 긴자의 마크가
균형 있게 늘어선 패턴을 설계한 다음 그것을 세로 30센티미터,
가로 50센티미터 정도의 흰 종이에 엠보스emboss, 凸모양으로 튀어나오게
가공한다. 그 종이를 소파 쿠션 정도의 두께로 쌓아 올리고
그 하얗고 우아한 덩어리를 마쓰야 긴자의 본체라고 가정하였다.
그곳에 아홉 개의 사각형 구멍을 뚫어 각각에 투명한 아크릴
입방체를 끼워 넣었다. 유감스럽게도 그 형태는 사진으로 보여줄
수밖에 없겠다. 모형의 전방 왼쪽에 보이는 투명한 블록은 새로
문을 연 루이뷔통 숍이다. 아홉 개의 아크릴 큐브 뒤에 각각 브랜드
이미지 사진을 배치하면 신기하게도 아크릴의 굴절로 사진이
입체감 있게 떠오른다. 이 투명한 큐브가 브랜드의 점포 혹은
윈도를 나타낸다. 새하얗고 부드러운 종이 입체는, 신기한 빛을
발하며 존재감을 주장하는 아크릴 큐브를 포괄하는 새로운
마쓰야 긴자의 이미지를 나타낸다. 말하자면 우아한 텍스처를 가진
새하얀 입체가 다양한 브랜드의 개성을 꺼안는 듯한 모습이다.
모체가 되는 마쓰야에 '백색 종이'를 배치한 것에는 커다란

의미가 있다. 선명한 파랑이었던 마쓰야의 주조색을 '백색'으로
전환하자는 제안이기 때문이다. 마쓰야 긴자가 파랑인 채로
남는다면 아크릴 큐브가 빛날 수 없다. 종래의 생활용품을 주로
다루는 백화점의 파란색 종이 봉투에 세계의 패션 브랜드를
집어넣은 것 같은 위화감이 생겨날 것이다. 그런 조합으로부터
파생될 수 있는 최악의 시나리오는 '면세점'과 같은 이미지가
발생하는 것이다. 브랜드가 첫 번째이고 그것이 들어가는 장소는
그다음이 된다. 그렇게 되어 버리면 그 상업 공간을 마쓰야
긴자라고 부를 이유조차 없을 것이다. 브랜드의 매력을 백화점
공간 안으로 끌어들이고 싶다면 마쓰야 긴자로서도 그것을 빛나게
해줄 만한 세련된 배경으로서 우아함과 여유가 필요할 것이며
그를 위해서는 모든 브랜드를 포용할 수 있는 정체성이 필요하다.
즉 먼저 사회적 위신이 높은 마쓰야 긴자라는 공간이 있고
그 마쓰야 긴자의 선정을 거친 세계적으로 뛰어난 브랜드가 공간
안에서 창조성을 경쟁한다. 바로 이렇게 보여야만 하는 것이다.

　　백색이라는 색채에는 '배경' '포용력' '현대성' '품위'
'고급스러움' '쇄신성' 등을 상기시키는 힘이 있다. 아주 좋은
배경색으로서의 기능과 포용력. 현대성과 품위. 그것들의 균형을
백색이라는 색채에 맡긴 것이다.

　　또 하나 더욱 중요한 것은 종이에 엠보싱 텍스처를
부여했다는 점이다. 백색을 단순히 순수한 색채로서 운용하는 것이
아니라 '물질적인 감촉이나 촉감으로서의 깊이를 가진 백색'을

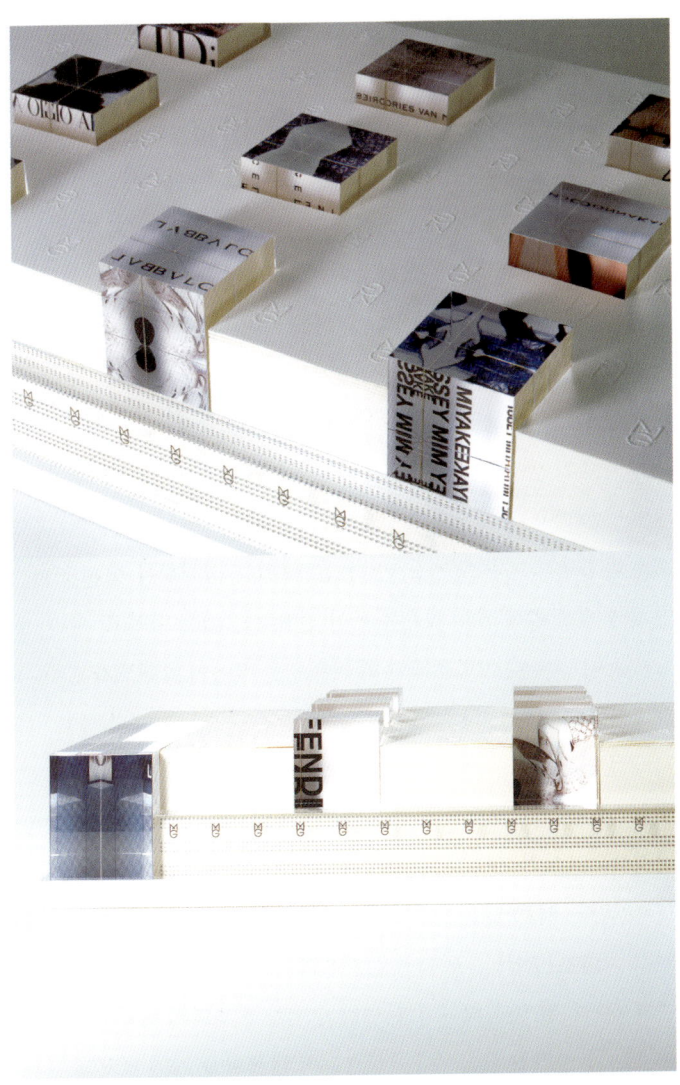

마쓰야 긴자의 정보의 건축 모형

시사한다. 즉 '감각적인 백색'이 새로운 마쓰야 이미지의 근간을
지지한다는 발상이다.

이 모형을 핵심으로 하는 제안은 마쓰야 긴자의 후루야
가쓰히코古屋勝彦 사장을 비롯해 경영진의 신속한 판단에 따라
곧바로 실행으로 이어졌다. 기업의 주조색을 포함한 VI의 변경,
사이니지 쇄신, 쇼핑백이나 포장지의 쇄신, 인테리어의
색조 조정, 광고 계획, 공사장을 둘러싼 벽면 디자인, 나아가
건축 외벽의 패턴에 이르기까지 모든 디자인이 이 모형으로부터
전개되어 나갔다.

촉각과 디자인의 만남

최초로 실현된 것은 공사용 벽 디자인이었다. 가설되는 벽은 긴자
거리에 접한 길이 100미터, 높이 5미터라는 거대한 구역이 된다.
그러나 이것은 도시법 조례에 따르면 광고 메시지를 위해서는
사용할 수 없게 되어 있다. 긴자 중앙로라는 1급 국도에 접해
있다는 것만으로도 강한 규제의 대상이 되었다. 다양한 제안을
검토했으나 결과적으로 이곳에 배치하게 된 것은 거대한 지퍼였다.
백색 외벽 중앙에 가로로 쓰인 글자들과 같은 위치에 지퍼의
금속 부분을 배치한다. 그렇게 함으로써 외벽 전체가 거대한
흰색 지퍼로 보인다. 공사가 진행됨에 따라 이 지퍼가 몇 단계로
열려 나간다는 아이디어이다. 열리기 시작한 지퍼의 그림은
벽 전체를 오른쪽으로 이동시킴으로써 서서히 열리는 것처럼

보이게 만들었다. 말하자면 이것은 리뉴얼에 대한 기대감을
연출하는 프롤로그이다.

완성된 마쓰야 긴자의 정면 부분은 유리로 덮여 있다.
이 기본적인 건축은 내가 한 작업이 아니다. 다만 유리의 배면에
흰색으로 도장된 철판이 배치되었는데, 그 철판의 표면은 규칙적인
둥근 물방울무늬가 凸 모양으로 빽빽이 배열되어 있다. 이 융기된
물방울을 촉각을 자극하는 디자인의 일환으로 제안했다. 건축
계획에서는 정면 유리의 외벽 위아래에 조명이 설치되어 밤이 되면
이것을 켜게 되어 있었다. 따라서 이 빛을 효과적으로 반사 혹은
증폭시키기 위하여 백색 외벽에 요철을 가진 반사체가 필요했다.
건축 회사의 제안은 은색의 금속 반사판을 백색 벽면에 둘러싸서
붙이는 것이었지만 종합적인 디자인의 정합성에 대해서 신중히
검토한 결과, 백색 외벽의 강판 자체에 반구 모양 엠보스 패턴을
찍자는 결론을 내렸다. 결과적으로는 이것이 건축과 전체 디자인을
연계하는 매우 중요한 포인트가 되었다. 외벽 패턴을 반구 모양
물방울무늬의 집합으로 표현함으로써 빛은 고상하고 세련된
미립자가 되어 긴자 거리에 방사되었고 정면 외벽에는 모형 제작을
통해 상상했던 우아한 텍스처가 탄생했다.

쇼핑백 디자인도 함께 진행되었다. 쇼핑백이나 포장지는
상업 공간의 품격을 고객에게 전하는 중요한 미디어이다.
잘 관리되는 브랜드 매장에서 쇼핑을 한 경험이 있는 사람이라면
누구나 체험하는 것처럼, 여기에도 인간의 오감을 자극하는

2000년 9월 30일

2000년 10월 16일

2001년 1월 20일

2001년 3월 8일

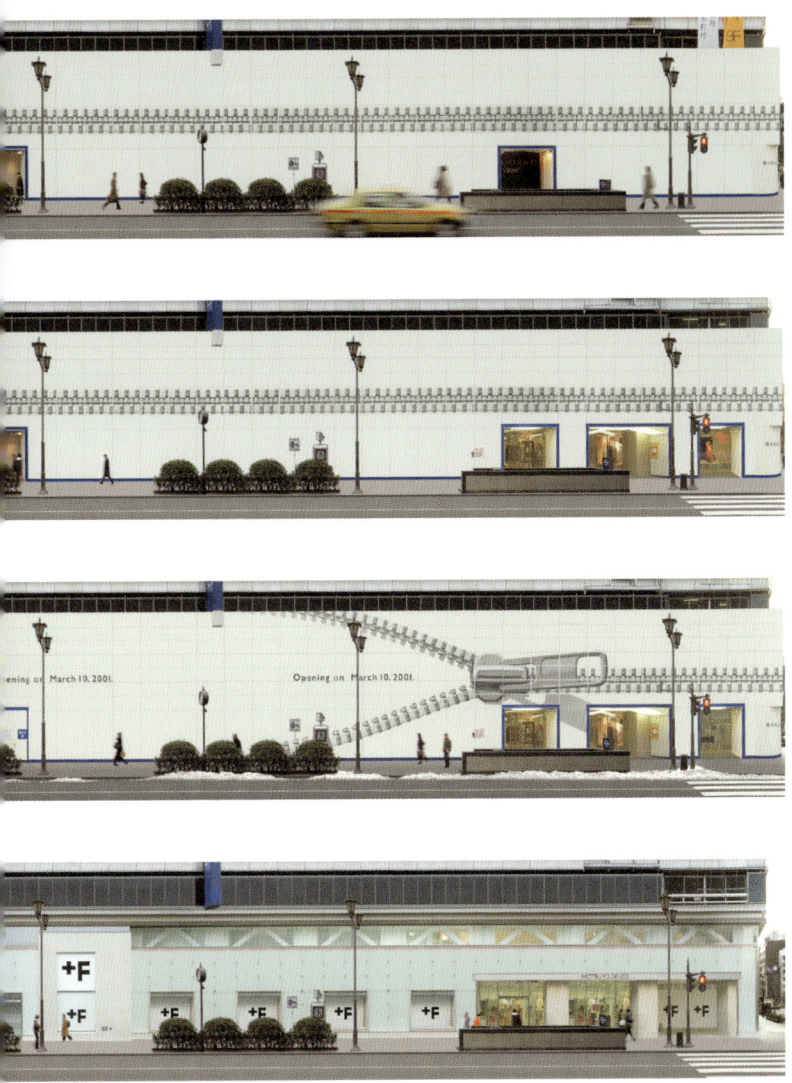

요소가 있다. 소재의 선택이 메시지가 된다. 그러므로 기존의
파란색 쇼핑백을 대신하여 이번에도 모형에서 표현했던 '질 좋은
백색 종이'의 이미지를 적용했다. 종이 유통 회사와 제지 회사의
도움으로 매끈매끈한 종이가 아니라 만지는 손끝에 풍요로운
촉감이 전해지는 종이를 개발하였다. 백화점의 쇼핑백은 생각
이상으로 기준이 엄격했는데, 찢어지는 강도와 마찰력, 인쇄
잉크의 색 바램 정도 등 몇 가지 점에서 높은 장벽이 가로막고
있었다. 흰 가운을 걸친 검사관이 시험 제작한 봉투에 추를 달고
몇백 번이나 들어올렸다 내렸다 하면서 그 강도를 테스트했다.
그런 검사를 거쳐 완성된 것이 'M랩'이라고 명명된 종이로,
실제 만져보면 감촉이 무척 좋다. 오른쪽 사진이 완성된
쇼핑백이다. 마쓰야 긴자의 마크가 모형 종이에서와 동일한
패턴으로 배치된 것을 볼 수 있다.

그러나 백화점이라는 곳은 이름 그대로 여러 물건을
파는 공간이다. 중심을 패션으로 이동한다고 해도 지하 매장과
도시락 매장 역시 중요하다. 생활 잡화나 문방구 역시 중요한
판매 상품임에 틀림없다. 따라서 패션에 대응한 쇼핑백만으로는
부족하다. 도시락이 요란한 봉지에 들어간다면 왠지 화장품 냄새가
음식에 배는 듯한 기분이 들 것이다. 그러므로 소위 패션 냄새가
나지 않으면서 도시락이나 체중계를 넣어도 위화감이 느껴지지
않는 재질도 필요했다. 그래서 다른 쇼핑백을 하나 더 디자인했다.
이번 디자인은 백색 종이에 밝은 회색의 미세한 물방울무늬가

마쓰야 긴자의 쇼핑백

잡화용 봉지와 포장지에 적용된 물방울 패턴

들어간 것으로 마쓰야 긴자의 마크를 강조해서 보여준다.

이 패턴은 포장지와 잡화용 봉지에도 전개되었다. 소재는 순수한 백색 크라프트지를 사용했지만 물방울 패턴으로 적당한 텍스처가 만들어진다. 주의 깊은 독자는 벌써 알아챘을지 모르지만 이 패턴은 외벽의 물방울 패턴과도 연계된다.

말하자면 백색이라는 색채 안에 촉각적인 깊이를 구축해나가자는 계획이 이와 같이 세부로 구체화되었고 그 효과로 백화점이 다시 태어났다. 쇼핑백의 효과는 예상한 그대로였다. 텍스처가 있는 백색 쇼핑백을 든 무수한 사람들이 백색 백화점의 안팎을 오가고 있었다.

새로운 인테리어의 색조도 백색으로 통일되었고 벽도 바닥도 흰색에 가까운 색상으로 맞추었다. 사인이나 표식도 모두 새롭게 바뀌었다. 사이니지 계획에서는 패션 마쓰야 긴자에 어울리도록 픽토그램의 활용에 중점을 두었으며 사인물 본체는 소재가 주는 감촉을 억제하고 백색의 순수한 소재를 사용하였다. 이와 같은 과정을 통해 감각적인 환경의 '백색 마쓰야 긴자'가 탄생했다.

긴자의 화제가 되다

마지막으로 광고 이야기를 하면서 마쓰야 긴자에 대한 소개를 끝맺고 싶다. 뒤쪽 사진은 리뉴얼 오픈 광고용 포스터인데, 문자 이외의 그림 모두가 '자수'로 표현되었다. 즉 펠트 천과 같은 재질의 종이에 실제로 자수를 넣었다. 최근에는 봉제 공장의

미싱도 상당 부분 컴퓨터화가 진행되어 침대 시트를 만드는 대형 자수 기계 같은 것들은 발상을 바꿔 인쇄기처럼 사용할 수 있다. 또 수량에 따라서 인쇄보다 낮은 가격으로 포스터를 제작할 수도 있다. 오사카에 있는 봉제 관련 공장을 찾아가 그런 상황을 알게 된 나는 '감촉이 있는 메시지'의 상징으로 '자수 포스터'를 만들었다.

광고를 한다고 해도 백화점이 긴자라는 한정된 장소에 있는 이상, 넓은 지역에 광범위하게 적용하는 매스 미디어보다 지역성이 강한 미디어를 사용하는 쪽이 효과적일 경우가 있다. 긴자에 있는 백화점인 마쓰야 긴자는 긴자를 걷는 사람들에게 선명한 메시지를 전하고 싶었다. 다시 말해 그 장소에서만 체험할 수 있는 '긴자에서 일어난 일'로서의 메시지를 전달하자고 생각했다. 포스터 가장자리에는 '지퍼'를 달았다. 지퍼는 포스터의 물질성을 상징하는 것이기도 하다. 포스터는 지퍼로 계속 연결되어 지하도의 긴 벽면과 둥근 기둥 등 다양한 장소를 자유자재로 덮어 나갔다. 자수를 놓아 지퍼로 연결한 포스터는 시각적인 정보를 뛰어넘어 긴자를 즐기는 사람들에게 거리 퍼포먼스로서의 자극을 주었다.

프롤로그 이미지로 공사장 벽면에 사용한 지퍼가 여기서 다시 등장한다. 지퍼는 패션을 은유한 것이기도 하다. 새로운 마쓰야 긴자는 이런 식으로 그곳을 찾는 고객의 머릿속에서 리뉴얼을 이루어냈다.

정보의 조각, 책

나는 2000년에 두 개의 전시회를 기획하였다. 하나는 이미 앞에서 이야기한 〈리디자인 – 일상의 21세기〉였으며, 다른 하나는 〈종이와 디자인〉이라는 전시회였다. 이것은 50년의 역사를 가진 일본의 파인 페이퍼와, 디자이너들이 그 종이를 사용해서 이루어낸 작업을 동시에 되돌아보고자 하는 내용이었다. 파인 페이퍼의 대부분은 서적 디자인에 사용되어 왔으므로, 결과적으로 이 전시가 일본 서적 디자인의 50년을 되돌아보는 계기가 되기도 했다. 또한 이 전시회 자체도 책으로 정리되었다. 그런 이유에서 이번에는 '책'이라는 것에 대해 생각해 보고자 한다.

나는 책을 디자인하듯이 사물도 그러한 형식으로 정리하는 것을 좋아한다. 그러나 최근 정보 기술의 진화는 속도가 붙고 정보의 형태도 매우 다양해졌다. 상황이 이렇다 보니 이미 책은 미디어 영역의 주역 자리를 내놓았다고 생각해야 할지도 모르겠다. 정보를 유통하는 속도와 밀도 그리고 양적인 문제 등으로 말한다면 서적은 디지털 미디어와 비교도 되지 않는다. 그러나 한편으로 책의 역할 자체가 사라졌다고 생각하기는 어렵다. 아마도 이쯤에서 '책이란 무엇일까?'라는 것을 재확인할 필요가 있을 것 같다. 그것을 확인하지 않은 채 기존의 방법으로 책의 디자인을 계속하는 것은 시대착오적인 느낌이 들기 때문이다.

냉정하게 바라보면 종이라는 소재는 미디어로서 상당히

무거운 책임감을 져왔다. 특히 정보의 유통 속도가 가속화되고 있는 시대에 종이는 소재이기 전에 '무의식의 평면'이었다고 해도 좋으리라. 만년필로 편지를 쓰건 프린터로 출력하건 우선은 중립적인 하얀 평면으로서의 종이가 그곳에 있다. 그것은 1 대 $\sqrt{2}$ 라는 합리적인 비율을 가진 흰색 화면으로, 물질성은 사라지고 영상이나 문자를 운반하는 추상적인 매개물로 인식된다. 세계 3대 발명품이라는 영광스러운 자리에 있는 종이의 명예도 사실 그러한 중립적인 미디어로서의 성질에 관한 것이지 손끝에 천연물이 닿는 즐거움을 전해주는 물성에 관한 것이 아니다. 그러니까 일상에서 모니터 스크린이 언제라도 손이 닿는 곳에 놓여 있게 되자 그 소재로서의 물성이나 매력은 고려조차 하지 않은 채 '페이퍼리스paperless'라는 단어를 아무렇지도 않게 입 밖으로 낼 수 있었던 것이다.

그런 관점에서 생각하면 오늘날의 종이는 미디어의 주역에서 내려와 실무적인 임무에서 해방된 덕분에 다시 본래의 '물질'로서 매력적으로 행동할 수 있게 된 것이 아닐까.

분명 책은 일정한 정보를 저장하는 미디어로서는 다소 요란스러운 감이 없지 않다. 무겁고 부피도 크며 때도 많이 타는 데다 풍화 작용도 겪는다. 디지털 데이터로 만들어 저장하면 아주 작은 메모리에 쏙 들어갈 정도의 정보가 책만큼 큰 크기로 만들어진 것이다. 그러나 정보가 대량으로 저장되거나 고속으로 이동되어야만 하는 것은 아니다. 정보와 개인의 관계를 냉정하게

통찰한다면 정보를 얼마나 음미할 수 있느냐 하는 요인이 더욱
중요해진다. 책이라는 것을 통하여 적당한 무게와 감촉이 있는
소재를 사용하여 표현된 정보가, 아주 작게 집어넣어 존재감이
희박해진 정보보다 사람들에게 더욱 편안한 이용감과 만족을
줄지도 모른다.

　　예를 들어 먹을거리와 인간의 관계와 비슷할지 모른다.
달걀 하나를 맛있게 먹으려고 인류는 수많은 지혜를 사용해왔다.
조리하는 기구의 종류, 다양한 요리법, 또 그것을 내놓는 방법이나
식기의 다양함을 상상해주었으면 한다. 달걀을 한번에 1,000개
조리할 수 있는 장치, 50만 개나 저장할 수 있는 창고가 있다면
유익한 것임은 틀림없지만 그것을 맛보고자 하는 '개인의
식욕'과는 별 상관없다. 달걀이 먹고 싶으면 '냄비'에 넣고 자신의
취향에 맞게 익히면 된다. 달걀 스탠드에 얹어서 손가락 끝으로
부지런히 껍질을 벗겨 우아하게 생긴 소금 통으로 소금을 살짝
뿌린 후 귀여운 은수저로 떠서 입으로 옮기는 사람도 있으리라.
이렇게 제공된 달걀은 좀 귀찮더라도 틀림없이 맛있게 먹을
수 있을 것이다. 인간과 정보의 관계도 이와 비슷하다. 디지털
미디어가 아닌 종이를 택하는 이유는 그 소재의 성질과 특징을
이해한 뒤 그것을 살리고 익혀서 음미하고 싶기 때문이다.

　　나는 지금도 책이라는 미디어는 유효하다고 생각하며
그 효과가 일반적으로 생각되는 것처럼 감퇴하고 있다고는
생각하지 않는다. 당신이 지금 손에 든 이 책을 보아도 그렇다.

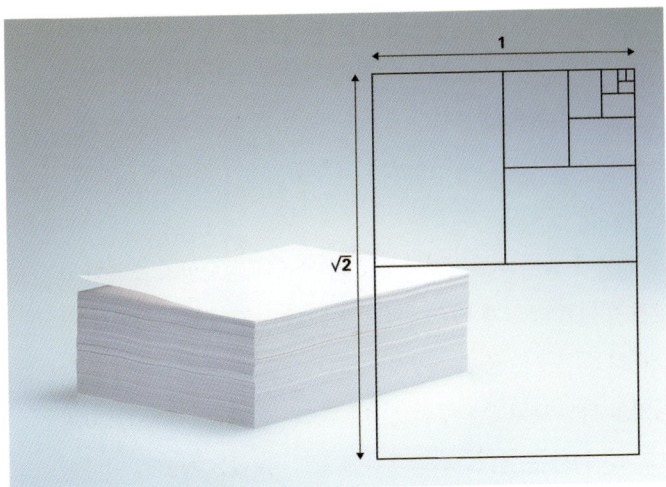

절반으로 잘라도 가로·세로 비율이 변하지 않는 1대 √2 비례의 종이

『종이와 디자인 紙とデザイン』

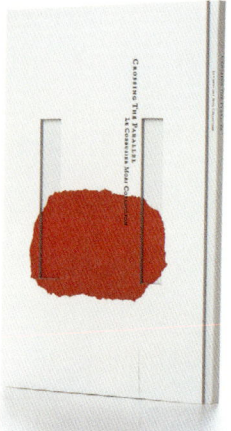

『평행의 횡단Crossing the Parallel』

『디자인의 원형디자인の原形』

『리디자인 RE DESIGN』

무카이 슈타로 向井周太郎, 『형태의 시학かたちの詩学』

자신의 머릿속에서 만들어진 수많은 단어를 읽기 쉽도록 만들거나 편리한 장소에 저장하고 싶다면 웹하드를 이용하면 되고 또 CD에 담는 방법도 있다. 그러나 나는 이렇게 책이라는 미디어를 선택했다. 그것은 이 정보를 종이에 인쇄된 문자로서 음미하고 싶기 때문이며 묵직한 중량을 가진 물질로 사람들의 손에 전하고 싶기 때문이다. 또 지하철이나 버스를 탈 때 가방에서 꺼내어 기분 나는 대로 페이지를 넘겨 주었으면 하는 바람 때문이며 시간이 지나면 풍화되어 골동품이 되어 주기를 바라기 때문이다. 물론 디자이너로서 여러분의 손에서 이 책이 좋은 분위기를 만들 수 있도록 연구도 한다. 말하자면 정보를 다음 글줄로 연결하는 차원이 아니라 정보를 소중히 하겠다는 관점에서 책의 매력을 의식하고 있다.

향수에 빠져 책을 편드는 것이 아니다. 나는 디지털 미디어를 싫어하기는커녕 오히려 이메일이 없으면 곤란한 지경에 빠질 정도로 이미 정보 기술과 깊은 관계를 맺고 있다. 때문에 종이 미디어를 사용하는 경우에는 무의식이 아니라 확실한 의지를 가지고 그것과 마주하려고 한다. 디지털 미디어가 등장한 덕분에 종이는 이제야 겨우 본래의 매력적인 소재로서의 역할을 마음껏 할 수 있게 되었다.

디지털 미디어가 정보 전달의 실질적인 도구라면, 책은 '정보의 조각彫刻'이라고 할 수 있다. 그러므로 앞으로의 책은, 종이라는 미디어를 선택한 이상 '그 물성을 어떻게 잘 살리고

있는가?'라는 질문을 받게 될 것이다. 이것은 종이에게는
행복한 과제이다. 나는 지금 이런 생각으로 책을 디자인하고 있다.

디지털 미디어도 아직 진화하는 중이다. 따라서 당분간은
디지털 미디어와 책이 어깨를 나란히 하고 서로 영향을 주고받으며
각자의 길을 걸어갈 것이다.

제4장 아무것도 없으나 모든 것이 있다

다나카 잇코에게서 물려받다

2001년 8월 다나카 잇코田中一光 씨로부터 한 통의 전화를 받고, 며칠 후 긴자의 한 찻집에서 다나카 씨와 고이케 가즈코小池一子 씨를 만났다. 만난 용건은 MUJI로 잘 알려진 브랜드인 '무인양품無印良品'에 대한 것이었다. 구체적으로 무인양품의 자문 위원이 되어 아트 디렉터의 역할을 해주었으면 하는 의뢰였다. 시대가 바뀌어 창업 당시 구성원의 역할도 변화하고 있다면서 아직 자신에게 영향력이 남아 있을 때 새로운 세대에게 물려주고 싶다는 것이 다나카 씨의 생각. 그 사려 깊은 결단이 눈앞에 놓여 있었다. 물론 다나카 씨 자신이 완전히 은퇴를 한다는 것이 아니라 일을 진행하면서 후배들에게 물려주고 싶다는 의향이었다.

무인양품은 일본에서 만들어진 창조적인 상품 개념으로 이미 커다란 실적을 남기면서 사회 전반에 널리 알려져 있다. 시대나 사회 환경이 변화해가는 가운데 크게 회자되는 성과를 올린 프로젝트를 계승한다는 것은 결코 마음 편한 일이 아니다. 편하기는커녕 어려운 중책이다. 화려한 시대가 지난 뒤 찾아오는 저성장 시대의 가치관을 모색하는 것이 우리 세대의 숙명일까.

그 후 나는 하루 동안 이 일에 나 자신이 어떤 비전을 그릴 수 있을까 생각했다. 그러다 보니 '세계'를 무대로 이 브랜드의 미래를 생각하게 되었고 이상스럽게도 가슴이 벅차올랐다. 나는 어느새 'WORLD MUJI'라는 단어를 떠올렸다. 세계적인 브랜드에 대항할 가능성, 이 일에는 그 가능성이 있었다. 이것을 계승하고 발전시키는 데 조금이나마 도움이 될 수 있다는 사실에 가슴이 두근거렸다.

다음 날 두 사람에게 의뢰를 받아들이겠다는 뜻을 전했다. 자문 위원으로 들어갈 때 나와 같은 세대의 디자이너를 또 한 사람 추가해주었으면 좋겠다는 제안을 했다. 제품 디자이너인 후카사와 나오토이다. 이미 수년 전부터 무인양품의 제품 디자인에서 뛰어난 작업을 해온 사람인 만큼 그는 앞으로 무인양품의 품질을 재구축하는 데 꼭 필요한 존재가 될 것이라고 직감했다. 후카사와와 함께 다나카 씨의 사무실을 찾아가 그를 소개한 것이 2002년 1월 8일. 함께 차를 마시며 제품에 관해 후카사와 씨가 생각하는 것들에 대해 이야기를 나누었다.

"이 일이 너무 재미있어서 밤에도 잠 못 드는 나날의 연속이었네." 다나카 씨는 그렇게 말했다. 그가 저세상으로 떠나기 3일 전의 일이다. 무인양품의 바통은 이렇게 빠듯한 상황에서 선배 세대로부터 우리 세대로 전수되었다.

무인양품의 출발과 과제

무인양품의 콘셉트는 다나카 잇코라는 크리에이터의 생활
미의식과 일본 유통 산업의 견인차 역할을 했던 쓰쓰미 세이지
堤清二라는 기업가의 비전이 교감해서 태어났다. 1980년 가을의
일이다. 그 기본은 제품의 생산 과정을 철저하게 간소화함으로써
매우 간결하고 값이 싼 상품군을 만들어내는 것이었다.
'무인양품'이라는 명칭은 카피라이터인 히구라시 신조日暮真三의
작품이며, '이유가 있어서 싸다.'라는 애초의 캐치프레이즈는
무인양품의 등장 시절 구성원인 고이케 가즈코의 작품이다.
처음에는 '세이유西友'의 자체 브랜드로 출발하여 소비자에게
순조로운 지지를 얻으면서 착실하게 성장하다가 1983년 드디어
아오야마青山에 제1호 매장을 열었다. 이 매장 디자인에는 디자이너
스기모토 다카시杉本貴志가 참여하였다.

　　　내용을 중요시하는 상품 개발과 간결한 포장 형태, 그리고
표백하지 않은 종이 소재의 사용은 매우 순수하고 신선한 제품을
출현시켰다. 예를 들어 히트 상품의 하나인 '부서진 표고버섯'.
이것은 형태를 완전하게 유지한 것만이 상품으로 만들어지던 건조
표고버섯에 대한 상식을 뒤바꾸어 종래에는 배제되었던, 형태가
좋지 않거나 부서진 것들만 선별하여 상품으로 만든 것이다.
조리할 때는 잘게 썰기 때문에 버섯의 형태가 다소 이상하더라도
실용적으로는 전혀 손색이 없다는 것. 그러한 발상의 전환으로

값싼 건조 표고버섯이 상품화되었다. 종이에 대해서도
마찬가지다. 종이의 원료인 펄프의 표백 과정을 생략하면
종이는 연한 베이지색이 된다. 무인양품은 그것을 포장 소재나
라벨 등에 사용했다.

이렇게 행동에서 철저함을 추구해나가다 보면 그곳에
독자적인 미의식을 실현한 상품군이 출현한다. 그것은 지나치게
겉모습만 포장하던 당시의 일반 상품들과 좋은 대조를 보이면서
일본을 넘어서 세계에 충격을 안겨주었다. 원래는 세이유라는
슈퍼마켓의 자체 브랜드로 개발된 상품군이었는데 생활 환경에
관심이 많은 소비자 혹은 세련된 착상에 민감한 소비자들의 지지를
얻으면서 순식간에 발전하여 '양품계획'이라는 독립된 회사의
상표가 되었다. 이것은 역사적으로 보아도 일본의 미의식에서
비롯된 획기적인 상품 콘셉트이며 세계에 큰 영향을 준 생활
제안이다. 이 매장은 2003년 기준 일본 국내에만도 250개가
넘으며 상품 항목도 5,000점이 넘는다. 또 국외에도 진출하여
각지에서 커다란 화제와 반향을 불러일으키고 있다.

그러나 무인양품에도 과제가 있다. 출범 당시에는 공정의
합리화로 압도적인 가격 우위를 이루었지만 지금은 다른 회사들도
노동 비용이 싼 나라에서 물건을 생산하고 있기 때문에 점점
가격에서 우위를 유지할 수 없게 되었다. 동일한 방법을 쓴다면
가격으로 경쟁은 가능하겠지만, 무인양품의 사상은 소위 '싼값'에
있는 것이 아니다. 비용을 내리는 데 혈안이 되어 소중한 정신을

잃어버릴 수는 없는 일이다. 또 노동력이 싼 나라에서 만들어 비싼 나라에서 팔자는 발상에는 영속성이 없다. 세계 구석구석까지 통용되고 침투할 수 있는 궁극적인 합리성이야말로 무인양품이 지녀야 할 정신이다. 지금은 가장 싸다는 것이 아니라 가장 현명한 가격대를 추구하고 그 메시지를 소비자에게 전달해야 하는 시기이다.

또 앞에서 종이를 표백하는 과정을 생략했다고 했는데, 보통은 많은 종이가 대량으로 표백 과정을 거치므로 표백하지 않은 펄프를 사용하는 것이 꼭 비용 절감으로 이어진다고는 할 수 없다. 경우에 따라서는 오히려 특별한 취급이 비용 상승을 부르는 모순을 낳기도 한다. 그 증거로 베이비파우더 같은 무표백 파우더가 표백된 파우더보다 값이 비싸지는 현상도 발생한다. 지금은 그 모습 그대로, 가공을 하지 않은 것들이 오히려 높은 비용을 가져오는 시대이다.

중요한 문제는 가격 밖에도 존재한다. 과정을 단순화하는 것이 곧 좋은 상품으로 이어진다고는 할 수 없다. 노트나 부서진 표고버섯은 상관없겠지만 '의자'의 경우도 마찬가지일까. 생산 과정을 생략하는 것만으로 좋은 의자가 만들어질 리 없다. 의자는 풍부한 경험에서 나온 사고와 계획 그리고 숙련된 기술로 만들어지는 난도 높은 제품이다. 의류, 생활 잡화, 가구, 가전제품, 식품 등도 기본적으로는 모두 마찬가지다. 5,000종에 이르는 제품을 판매하고 있으니 그것들을 조합함으로써 만족스러운

생활 환경이 만들어져야 한다. 무엇인가를 생략하는 것만으로
만들어지는 상품군은 왠지 풍요로운 느낌이 퇴색되고 어쩔 수
없이 사용자에게도 어딘가 부족한 느낌이 들게 하는 경향이
나타난다. 또 생략이라는 방법은 간단하게 복제된다는 약점도 있다.
무인양품은 제품과 마주 대함으로써 새로운 생활 의식이 고무되는
계발성啓發性을 가진 제품 생산을 이상으로 삼는다. 작가나
디자이너의 에고이즘에서 벗어나 최적의 소재로 최적의 형태를
탐구하는 가운데 사물의 에센스만을 현실화하는 독창적인
생략이라면 이상적이겠지만, 그것은 '생략'이라기보다는
'궁극적인 디자인'이라고 하는 편이 좋을 것 같다. 출발 당시부터
'NO DESIGN'을 표방한 무인양품, 그러나 무인양품의 사상을
제대로 실현하려면 오히려 수준 높은 디자인이 필요하다는
인식이 서서히 고조되었다.

'- 이'가 아니라 '- 으로'

그런데 무인양품이 목표하는 상품의 수준 혹은 상품에 대한
고객의 만족도는 어느 정도일까? 적어도 돌출된 개성이나 특정한
미의식을 주장하는 브랜드는 아니다. '이것이 좋다.' '이것이 아니면
안 되겠다.'라는 강한 기호嗜好를 갖게 하는 존재가 되어서는
안 된다. 수많은 브랜드가 그러한 방향성을 추구한다면 무인양품은

그에 반대되는 방향을 목표로 해야 한다. 즉 '이것이 좋다.'가 아니라 '이것으로 충분하다.'를 목표로 삼는 것이다. 그러나 '-으로'에도 정도가 있다. 무인양품의 경우에는 이 '-으로'의 수준을 가급적 높이 끌어올리는 것이 목표이다.

'-이'는 개인의 의지를 확실히 보여주는 강한 태도가 느껴진다. 오늘 점심에는 무엇을 먹고 싶냐는 물음에 '우동으로 충분해요.'라고 대답하는 것보다 '우동이 좋아요.'라고 대답하는 편이 기분도 산뜻하고 우동에게도 실례가 되지 않는다. 이와 똑같은 말을 옷 입는 취향이나 음악에 대한 선호, 생활 스타일 등에 대해서도 할 수 있다. 기호를 선명하게 드러내는 태도는 '개성'이라는 가치와 더불어 언제부터인가 필요 이상으로 존중받게 되었다. 자유란 '-이'에 가까운 가치관일지도 모른다. 그러나 그것을 인정하는 한편으로 '-이'는 가끔 집착을 포함한 에고이즘을 만들어 불협화음을 발생시킨다는 사실을 지적하고 싶다. 결국 인류는 '-이'를 향하여 지나치게 줄달음치다 이제는 막다른 길에 들어선 것은 아닐까. 소비 사회도 개별 문화도 '-이'로 달음박질치다 세계의 벽에 가로막혀 있다. 그런 의미에서 우리는 '-으로' 속에 작용하는 '억제'나 '양보' 그리고 '한발 물러선 이성'을 평가해야 하는 시점에 와 있다. '-으로'는 '-이'보다 한 수 높은 자유의 형태가 아닐까. '-으로'에 포기나 작은 불만족이 포함되어 있을지 모르지만 '-으로'의 수준을 높인다면 포기나 작은 불만족을 완전히 털어 버리는 것이다. 그런 '-으로'의 차원을 창조하여 자신만만하면서도 지혜로운 '이것으로 충분하다.'를 실현하는 것, 그것이 바로 무인양품의 비전이다.

무인양품이 손에 쥐고 있는 가치관은 향후의 지구촌 전체에도 매우 유익하다. 그것은 한마디로 말하면 '세계 합리 가치 = WORLD RATIONAL VALUE'라고 표현할 수 있는 것으로, 극히 이성적인 관점에서 수립한 자원 재생 방법 혹은 제품 사용 방법에 대한 철학이다.

많은 사람이 지적하는 것처럼 지구와 인류의 미래에 그림자를 드리우는 환경 문제는 이미 의식 개혁이나 계몽의 단계를 벗어나 일상생활에서 더 효과적인 대책을 실천해나가야 하는 상황에 직면해 있다. 또 최근 세계적으로 문제가 되고 있는 '문명의 충돌'은 과거 자유 경제가 보증했던 이익 추구에도 한계가 보이기 시작했으며 문화의 독자성을 주장하는 것만으로는 세계와 공존할 수 없는 상황에 이르렀음을 보여 준다. 앞으로는 이익을 독점하거나 개별 문화의 가치관을 우선시하는 것이 아니라 세계 전체의 미래를 생각하고 자신의 이익을 억제하는 이성이 우리에게 반드시 필요하리라고 생각한다. '비평적 정신과 양심적 행위'라면 지나치게 윤리적일지도 모르지만 세상을 균형 있게 만들어 나갈 탄력적인 이성이 요구되고 있다는 것은 분명한 사실이고 그러한 가치관이 세상을 움직이지 않는 한 세상은 제대로 일어설 수 없게 될 것이다. 아마도 현재를 살아가는 모든 사람들의 마음속에서 그러한 배려와 신중함이 이미 움직이기 시작하고 있으리라.

무인양품의 콘셉트에는 애초부터 그리한 궁극적인 합리성이
포함되어 있었다.

현재 우리 생활을 둘러싼 상품의 존재 가치는 양분되어 있는
것 같다. 하나는 신기한 소재나 눈을 끄는 형태를 통해 독자적인
개성을 경쟁하는 상품군이다. 희소성을 연출하여 브랜드로서의
가치를 높이고 높은 가격을 환영하는 팬들을 만들어내는
방향이다. 다른 하나는 극한까지 가격을 낮춰 나가는 방향으로
가장 싼 소재를 사용하고 생산 과정을 극한까지 단순화시켜서
노동력이 싼 나라를 생산 거점으로 삼아 태어나는 상품군이다.

무인양품은 그 어디에도 속하지 않는다. 최적의 소재와
제조법 그리고 형태를 모색하면서 '치장하지 않는 것素' 또는
'간결함' 속에서 새로운 가치관이나 미의식을 만들어내는 것.
또 쓸데없는 생산 과정을 철저하게 생략하되 풍요로운 소재나
가공 기술은 차근차근 도입한다. 즉 최저 가격이 아니라
풍족한 저비용, 가장 현명한 저가격대를 실현하는 것, 그것이
무인양품의 방향이다.

그러한 개념은 늘 북쪽을 가리키는 나침반 바늘과 같이
생활의 '기본'과 '보편'을 제시하며 그것은 우리가 사는 이 세상이
점점 필요로 할 것이 틀림없는 가치관이기도 하다. 나는 그것을
'세계 합리 가치'라 부르고 싶다.

무인양품을 통하여 나는 지구 규모에서 생활 문화와 경제 문화를
생각해보려 한다. 지구적인 시점으로 '이것으로 충분하다.'라고
많은 사람이 납득할 수 있는 상품을 만들어내는 데 조금이나마
도움이 되고 싶다. 다행히 세계에는 무인양품의 사고방식에
공감을 보이는 뛰어난 재능을 가진 사람들이 많이 있다는 것을
알게 되었다. 예를 들어 경험이 풍부하고 유연한 사고방식을
가진 디자이너의 대부분은 무인양품을 알고 있다. 그들은 잠재적인
무인양품의 지지자로서 무인양품을 위하여 일하는 것에 무척이나
호의적이다. 무인양품은 지금껏 익명성 혹은 작자 미상을
유지하는 정책으로 일관해왔으나 앞으로 좀 더 강한 의지로
무인양품의 생각을 알리려면 세계의 재능 있는 디자이너의 손길이
필요할지도 모르겠다. 이제는 무인양품을 더 이상 비좁은
일본으로 제한하여 생각할 때가 아니다. 세계의 재능과 발상을
적극적으로 받아들일 시기이다.

　　　상상해보자. 만약 무인양품이라는 브랜드가 독일에서
시작되었다면 어떤 상품, 어떤 매장이 만들어졌을까? 혹은
이탈리아에서 탄생했다면 어떠했을까? 나아가 근래 들어 눈부시게
생활 의식이 성숙하고 있는 중국에서 무인양품이 시작되었다면
어떤 제품군이 어떻게 탄생했을까? 이런 상상이 오늘날에는 매우
중요하다. 세계 곳곳에서 발견되는 '보편성' 그리고 다양한 문화

속에서 태어나는 '이것으로 충분하다.'를 수집하여 가장 합리적인 공정과 투철한 디자인을 통하여 상품을 만들어내고, 그것을 다시 세계에 유통해나간다는 발상이 앞으로 무인양품의 커다란 비전이 될지 모른다. 이러한 상상으로 무인양품을 전개해나가고 싶다. 무인양품의 비전을 실현하는 데 도움이 될 수 있으리라 생각한다.

EMPTINESS

무인양품의 비전은 한편으로는 상품의 개발 계획이지만 다른 한편에서는 이것을 사회에 전달하기 위한 커뮤니케이션 계획도 동시에 추진해나가야 한다. 그리고 바로 그것이 나의 전문 분야이다. 이번에는 마지막으로 광고 커뮤니케이션에 대해서 그 사고방식을 제시하고자 한다.

   내가 제안하는 무인양품의 광고 콘셉트는 한마디로 말하면 'EMPTINESS'. 즉 광고에서 명확한 메시지를 드러내는 것이 아니라 오히려 빈 그릇을 내보이는 것처럼 하자는 의미이다.

   커뮤니케이션이란 일방적으로 정보를 발신하는 것만이 전부가 아니다. 흔히들, 알려야 할 사실을 명확히 하고 그것을 이해하기 쉬운 메시지로 만들어 어울리는 미디어를 선정하고 유통해나가는 것이 광고 커뮤니케이션이라고 생각한다. 그러나 모든 광고가 하나같이 그 방법을 따라갈 필요는 없다. 메시지가

EMPTINESS

아닌 빈 그릇을 내보이며 오히려 수용자 측이 그것에 의미를
담아냄으로써 커뮤니케이션이 성립하는 경우도 있다.

　예를 들어 일본 국기의 빨간색 원은 의미가 없다. 기하학적인
도형일 뿐이다. 의미는 나중에 사람들이 담아내는 것이다.
과거 군국주의 일본의 상징으로서의 의미를 등에 졌던 역사가
있어서 오늘날에도 이것을 싫어하는 사람이 많다. 반대로 평화
국가로서의 의미로 변했다고 주장하는 사람도 있다. 나는 후자의
편에서 자랐으므로 일본의 국기가 오히려 평화적으로 보인다는
말을 중국의 대학에서 강연한 적이 있다. 청중의 대부분이
젊은 학생들이었음에도 웅성거리는 소리가 강의실에 들끓었다.
그들은 그런 식으로는 도저히 인정할 수 없는 듯했다. 한편으로
이것은 신도神道, 일본의 토속 신앙의 신체神體인 태양을 상징한다는
사람도 있는가 하면 붉은 피 혹은 심장의 상징이라고 말하는
사람도 있다. 새하얀 밥 위에 소금에 절인 매실 우메보시를
얹어 놓은 것 같다고도 한다. 어느 것이든 그럴듯하다는 생각이
든다. 해석은 다양하다. 국기는 그런 다양한 생각 가운데
어느 하나의 해석만을 선택하지 않고 여러 생각을 모두 받아들이며
기능한다. 단순한 빨간색 원은 텅 빈 그릇이다. 텅 비었기 때문에
모든 사람의 생각을 담을 수 있다. 상징이란 그런 것이다. 상징의
기능이 많고 적음은, 의미를 담아내는 그릇으로서의 용량과
비례한다. 이 빨간 원은 올림픽의 메달 수여식에서 많은 사람들이
담아내는 다양한 의미로 흘러넘치면서 엄숙하게 게양되고 조용히

나부끼며 강렬한 구심력을 만들어낸다.

다른 사례로는 하츠모데初詣, 신년의 신사 참배로 신사에 설치된 동전 통에 돈을 던지며 그해의 소원을 비는 것의 동전 통도 비슷하다. 이 의식의 의미는 신과 참배자의 교류이다. 이 경우 신사로서는 그 교류를 촉진하고자 참배자에게 신년 운세가 적힌 쪽지를 건넬 수도 있겠지만, 그런 일은 하지 않는다. 그저 가만히 통을 둘 뿐이다. 참배자 쪽에서 적극적으로 자신의 속마음을 그곳에 던져 그 만족감을 느끼고 돌아가는 것이다.

이 두 사례가 모두 일본적이기는 하지만 자세히 관찰하면 잘 만들어진 브랜드 광고도 이와 비슷한 원리로 기능을 한다. 해석의 다양성을 받아들이는 구심력이 핵으로 존재하고 그것을 좋아하는 사람들에 의해서 그곳에 다양한 기대와 생각이 담겨 나간다. 무인양품의 광고 콘셉트 'EMPTINESS'는 그것을 의식화하고 방법화한 것이다. 즉 텅 빈 그릇으로서 광고를 내보인 뒤 보는 측에서 그곳에 각자 자신의 생각을 자유롭게 담아냄으로써 커뮤니케이션이 성립한다.

무인양품에 잠재적인 호의를 가진 사람들은 많이 있지만 그 호의의 이유는 각양각색이다. 어떤 사람은 무인양품이 친환경적이라고 생각하고 어떤 사람은 도회적인 세련미를 갖는다고 생각한다. 또 어떤 사람은 가격이 싸서 마음에 들어 하며 어떤 사람은 간결한 디자인 때문에 좋아한다. 나아가 어떤 사람은 좋아하지도 싫어하지도 않으면서 '어느 것이든 상관없어.'라는

無印良品

무인양품의 잡지 광고

無印良品

별것 아닌 이유로 무인양품을 애용한다. 광고 메시지가 그 가운데 어느 하나를 대표하는 것이 되어서는 안 된다. 그들의 생각 모두를 받아들이는 커다란 그릇으로 존재하는 것이 가장 이상적이다.

따라서 무인양품의 광고에는 메시지로서의 카피 문구를 넣지 않았다. 무인양품이라는 로고타입은 어떤 의미로는 더할 나위 없는 캐치프레이즈이며, 브랜드 마크이기도 하다. 네 개의 글자도 함축적인 의미를 가지고 시간의 경과와 더불어 적절히 사람들에게 다가서고 있다.

그러한 의미로 상품을 사용한 광고에서는 상품만을 화면 중앙에 바꿔 넣으면서 화면의 어딘가에 무인양품의 로고가 배치되는 간결한 스타일을 만들었다.

로고를 지평선에 두다

캠페인도 기본적으로는 동일한 사고방식을 따른다. 장대한 규모의 텅 빈 그릇으로서 '지평선'이 있는 사진을 사용했다. 지평선이란 아무것도 없는 영상이지만 그곳엔 반대로 모든 것이 있다고 할 수 있다. 눈에 보이는 하늘과 땅 모두를 바라보는 영상이기 때문이다. 그것은 사람과 지구를 다루는 궁극적인 풍경이다. 앞에서 설명한 세계 합리 가치, 즉 앞으로 지구에 사는 사람들이 함께 짊어지고 가야 할 가치관을 제시하는 것처럼 보이지 않는가.

아니, 제시한다기보다 그런 생각을 담아내는 상징적인 영상이
될지도 모른다. 나는 그렇게 생각했다.

　지평선 비주얼은 사진가 후지이 다모쓰藤井保의 아이디어에서
출발했다. 무인양품에 대한 사람들의 의식을 담아낼 수 있는
영상을 생각하면서 의견을 주고받던 중, "지평선은?"이라며 후지이
씨가 말했다. 후지이 다모쓰는 매우 심플한 영상에 사물의 본질을
담아내는 사진작가이다. 이미 그런 스타일로 몇 장의 사진을
찍었지만 일부러 이번 일에 뛰어들었다고 한다. 순전한 풍경
사진이 아니라 사람들의 생각을 담아내는 그릇으로서 기능하는
'EMPTINESS' 개념 없이는 절대로 다가설 수 없는
'지평선'을 꼭 찍어내리라는 예감이 들었기 때문이다.

　어중간한 지평선이 아니다. 화면을 상하로 확실하게
둘로 가른 완전한 지평선이다. 지평선이 확실하게 보이는 장소는
어디일까? 지구의를 보면서 생각한다. '수평선'이라면 바다에
가면 금방 찾을 수 있겠지만 완벽한 '지평선'은 그렇게 간단하게
찾아낼 수 있는 것이 아니다. 다양한 정보를 검토한 결과
남미 볼리비아의 안데스 산중에 있는 '우유니'라는 시코쿠의
반 정도 크기의 소금 호수와 '마루하'라는 몽골 초원 속 평지 등
두 지점을 선택하여 로케이션을 떠났다. 뒤쪽에 있는 포스터는
새로운 무인양품의 미래를 담아내는 그릇이며 비전이다.

지평선을 찾아서

완전한 지평선을 촬영하기 위해 남미 볼리비아의 우유니라는
마을을 찾아갔다. 지금까지 방문한 이국의 마을 가운데 가장
먼 곳에 있던 마을 중 하나였다. 그곳은 표고 3,700미터의
안데스 산맥 중턱에 있으며 부근에는 5,000~6,000미터급의
봉우리가 늘어서 있다.

　　도쿄에서 출발한 우리는 먼저 인접국인 아르헨티나의
부에노스아이레스에 도착했고 다시 볼리비아 국경 부근의
후후이라는 마을로 날아갔다. 여기서부터는 비행기로 가면
고산병에 걸린다. 따라서 사륜구동차를 대동하고 육로를 이용하여
안데스로 들어가 작은 마을에 머물면서 수일에 걸쳐 조금씩
이동해 표고를 올려 갔다. 그렇게 해도 고산병 증상인 가벼운
두통을 경험한다. 거리도 멀지만 도착할 때까지 우리를 괴롭혔던
이 마을은 이렇게 사람들을 멀리했다.

　　우유니에 가면 왜 완전한 지평선 사진을 찍을 수 있는가?
그 이유는 이 마을 가까이에 세계 최대급 소금 호수가 있기
때문이다. 소금 호수는 정확하게는 바싹 마른 소금 평원이다.
순백색의 거대한 평면. 시코쿠 반 정도의 면적이 새하얀 들판을
이루고 있었다. 따라서 시계視界에는 360도 순백색 대지와 하늘,
즉 지평선밖에 보이지 않는다.

　　소금의 대지는 하도 딱딱해서 사륜구동차가 지나가도

자국조차 남지 않는다. 소금의 지표에는 메론 껍질 같은 문양을 만들며 소금이 떠올라 지표 전체를 덮고 있었다. 활짝 펼친 손수건 크기의 다각형으로 분할된 거대한 메론 껍질, 그것이 끝없이 계속된다.

그러나 소금 호수 전체가 마른 땅은 아니었다. 소금 호수에는 한 줄기 강물이 흐르고 있기 때문에 계절에 따라서는 고무장화로 걸어다닐 정도의 물이 지표를 덮는 영역이 생긴다. 물이라고 하지만 끈끈한 소금물이 흐른다기보다 대지에 달라붙어 있는 느낌이다. 염분의 비중이 큰 탓인지 호수나 바다처럼 쉽게 물결이 일지 않아 완전한 거울이 되어 하늘을 비춘다. 이 영역에서는 지평선을 경계로 하늘이 둘로 갈라진다. 어디를 보건 경관은 하늘. 하늘이라기보다 구름이라고 하는 편이 실제 느낌에 더 가깝다. 우리는 지평선을 경계로 선대칭으로 떠오른 구름의 바다에 서 있다. 태양도 두 개, 달도 두 개. 촬영 날은 마침 보름달이 한창이어서 노을이 질 무렵이면 달과 태양이 둘씩, 서쪽과 동쪽으로 마주 보는 듯 늘어섰다. 이렇다 보니 희한한 풍경을 넘어서 마치 다른 행성에 온 것 같은 착각마저 든다.

그런데 왜 그렇게 지평선이 필요한 것일까? 지구나 인간을 관통하는 보편성이나 인간의 생각을 자연의 섭리로 이끄는 듯한 영상을 쓰고 싶었기 때문이다. 지평선에 오도카니 작디작은 인간을 점처럼 놓아 사진을 찍는다. 단순하지만 지구와 인간의 궁극적인 구도. 아무것도 없지만 모든 것이 담겨 있는 그런 사진을 찍을 수

無印良品

있으리라고 생각했다. 아무것도 없는 경관 안에 점처럼 서 있는 인간의 그림자는 우유니 마을에서 찾아낸 14세 소녀였다.

후지이 다모츠는 4미터 정도의 높이에서 사진을 찍고 싶다고 했다. 경관 규모에 대해서 4미터가 어느 정도의 차이를 부르는지 전혀 알 수 없었지만 제작진은 그의 요구에 응해, 어디서 조달했는지 쇠 파이프를 구해 와서는 밤새워 작업한 끝에 발판을 완성했다. 그것을 소금 호수로 옮겨와 그 위에 서보니 과연 시계 안에 지표가 훨씬 크게 들어온다. 서 있는 발판에서 지평선까지 원근의 깊이가 증폭되어 장대한 경관을 연출했다.

촬영은 5일이나 계속되었다. 물이 차올라 거울처럼 하늘과 땅을 비추는 풍경도 인상적이었지만 왠지 꿈속을 헤매는 듯 현실감이 들지 않는다. 결과적으로 순백색 대지에 구름 하나 없는 파란 하늘, 우리는 그 사진에 만족스러움을 느끼며 우유니를 떠났다.

소금 호수의 중심에서 가장자리까지 자동차로 1시간. 마을은 그곳에서 30분이나 더 들어가야 한다. 마을에는 '캑터스선인장'라는 이름의 레스토랑이 있었고 우리는 매일 밤 그곳에서 라마 스테이크를 먹었다. 눈에 새겨진 지평선의 잔상은 여전히 가실 줄 모르고 우리 눈앞을 맴돌고 있었다.

제5장 욕망의 에듀케이션

디자인의 향방

'착안대국 착수소국着眼大局 着手小局'이라는 말을 가끔 반추해본다. 현재라는 장소에서 반 발 앞의 미래를 보는 것이 아니라 과거에서 현재 그리고 조금 더 먼 미래를 통찰하는 시점에 서고 싶다. 이러한 미래의 존재뿐 아니라 과거로부터 전해진 막대한 문화적 축적도 나에게는 미지의 자원이다. 그러나 그런 전망이 있다고 해도 실제로 지금 내가 해야 할 일은 내일의 프레젠테이션을 성공시키는 일, 혹은 그를 위한 기획서 정리, 나아가 그것을 기분 좋게 처리하기 위하여 책상 주변을 깨끗하게 청소하거나 심지어는 더러운 커피 잔을 씻는 일이 되기도 한다. 한 사람 한 사람의 행위는 어차피 그 정도이지만 그런 작은 일들을 축적하면서도 찾고 있던 장소에 도착하려면, 그곳까지 자신을 안내할 유도 장치를 자기 의식 속에 설치해두어야 한다.

그러한 의미에서 너무 넓은 시야에 대한 이야기가 되겠지만, 디자인은 어디로 향하면 좋을까. 무인양품의 비전은 극도로 단순한 형태를 모색하면서 쓸데없는 힘을 들이지 않는 디자인으로 일상에 신선함을 만들어내는 것이다. 이것은 나의 생활관과 겹치는 부분이 많아서 편안하게 작업에 들어갈 수 있었다. 나는 종이라는 소재에도 교감이 있으므로 종이 회사의 상품 개발이나 커뮤니케이션에 도움을 줄 수 있다. 그러나 그러한 가치관이나 기호의 일치와는 관계없이 디자인은 엄연히 세계 경제와 밀접하게 연결된다. 클라이언트 중에 커피 메이커인 '내쇼날'이란 브랜드가 있어서, 라이벌 관계에 있는 글로벌 브랜드와 일본의 시장 점유율을 놓고 경쟁하기 위해 디자인을 진행하고 있다. 대규모 도시 개발을 전문으로 하는 기업의 CI도 담당하고 있다. 디자인은 경제를 이끌어나가는 힘이며 기업에는 중요한 경영 자원이다. 냉철하고 정확한 디자인의 운용은 상품의 경쟁력과 기업의 커뮤니케이션 효과를 비약적으로 향상시킨다. 우리는 그런 디자인의 위력을 잘 알고 있으며 그 방법에 세련미를 더하여 더욱 효과적으로 기능하도록 끊임없이 노력한다. 그러나 그러한 행위의 결과는 과연 무엇인가? 단순히 제품의 성공과 실패, 메시지 전달력이 아니라 그러한 끊임없는 노력이 반복되고 축적되어 얻는 결과는 과연 무엇인가?

지평선을 보고 있다는 것은 수사적이다. 그곳에는 시원스러운 영상이 펼쳐져 있지만 앞에서 설명한 대로 그것은 텅 빈 그릇이다. 그것을 보는 사람들의 생각을 담아낼 수는 있지만 비전 그 자체는 아니다. 그러한 생각을 하니 최근 내 머릿속을 자주 들락거리는 '욕망의 에듀케이션'이라는 말이 다시금 떠올랐다. 이 말의 주변을 잠시 산책해 보려 한다.

AGF 맥심 블렌디의 패키지 | 사진 세키구치 다카시関口尚志

기업 가치관의 변화

기업의 존재 방식이나 그 편제가 변하고 있다. 특히 메이커라는 기업 형태가 변화하기 시작했다. 지금까지 메이커는 제품을 제조하고 유통시키고 판매하는 것이 사업이었다. 자동차 메이커는 자동차를 생산하고 시계 메이커는 시계를 생산하여 판매한다. 메이커의 창업에 관해서는 '좋은 자동차를 만들고 싶다.' '좋은 시계를 만들고 싶다.' 등 창업자의 열의로부터 출발한 기업도 적지 않을 것이다. 그러나 기업이 업적을 쌓고 사업을 확대하여 끌어가는 경제 규모가 커질수록 '제품 만들기'에 대한 열의만으로는 부족해진다. 즉 사업성이 기업의 존재 의의가 된다. 사업이란 수익을 올리는 것. 기업뿐 아니라 그 기업에 투자하고 있는 주주 등에게도 높은 이익을 가져다주는 것이 기업의 목표가 된다. 더욱이 사업성 그 자체가 기업을 일으키는 동기가 되는 오늘날, 투자가나 은행은 그 기업이 가까운 미래에 가지는 사업성을 냉정하게 예측하여 투자를 하고 돈을 빌려 준다.

오늘날 자본주의라는 게임의 규칙 속에서 효율 좋은 사업성을 어떻게 손에 넣는가에 관해 제일 열심인 미국에서는 기업의 중심을 주주로 본다. 미국의 회사 형태는 대략 다음과 같다. 우선 게임의 주도권을 쥐는 것은 기업의 사업성을 내다보고 투자하는 주주이다. 주주 조직은 그 사업을 실제로 수행하는 담당자를 집행 임원으로 임명하고 사장은 그 집행 임원의 리더

역할을 한다. 사장은 수익을 올려 이익을 주주에게 돌려주는 책임자이다. 사장을 미국식으로 말하면 CEOChief Executive Officer, 즉 집행 임원의 우두머리라는 뜻이 된다. 또 사원도 사업의 수행에 필요한 직위 조직을 먼저 짜 놓고 거기에 인재를 고용한다. 연공서열이라는 것은 존재하지 않는다. 직위에 따라 급여가 고정되어 있기 때문에 직위가 변하지 않는 한 급여에도 변동이 없다. 매우 명확하고 냉철한 사업체로서의 조직이다. 사업체의 수익성이 나쁘면 주주 조직이 집행 임원진과 사장을 언제라도 바꿀 수 있고 반대로 뛰어난 업적을 남긴 우수한 CEO는 높은 보수를 받으며 여기저기로 옮겨 다닐 수 있다.

　　뛰어난 비즈니스 모델을 만들어 기업을 일으키고 성공을 이루어 상장한 주식이 고액이 되었을 때 주식과 함께 회사를 매각해서 부를 챙기는 방법도 이 게임을 끝내는 또 하나의 방법이다. 최근에는 비즈니스 모델로도 '특허'를 취득할 수 있게 되었다고 하는데, 탁월한 돈벌이 방법을 고안한 사람은 존경과 우대를 받는다. 특허까지는 못 받았어도 그 아이디어 중에 '임금이 낮은 나라에서 생산해 비싼 나라에 판다.'라는 것도 포함되어 있으니 그렇게 도덕적인 이야기는 아니다. 자본주의는 이러한 '돈' 혹은 '부'를 손에 넣기 위해 전 세계에서 통하는 규칙과 같은 것이다. 그런 규칙이 사업을 일으키거나 수익을 올리는 것에 아주 익숙한 나라들에 의해서 조절되며 세계적으로 퍼져 나가는 것이 소위 세계화globalization이다. 문제로 삼아야만 하는

경제 격차를 오히려 전제 조건으로 간주하여 그곳에서 이익을
만들어내는 구조를 가져온다. 지금 우리는 미래에 분명히 규탄받게
될 불평등한 시대와 사회를 살고 있다. 일본은 그런 힘에 눌려
농락당하면서도 선두 집단에 뒤져선 안 된다며 끈질기게 물고
늘어지는 마라톤 선수이다.

'메이커'가 변화하기 시작한 요인은 그와 같은 세계적 규모의
경제 효율을 추구하는 움직임에 있다. 과거에는 자체 공장을 갖고
그곳에서 제품을 제조했지만 공장을 갖는다는 물리적 제약은
자유롭게 사업을 전개하는 데 족쇄가 되고 만다. 상품이 성공하지
못했을 경우에 공장에 대한 설비 투자는 그대로 날려버리는 꼴이
되므로 그 자체만으로도 위험 요소가 된다. 파업 등 노동자와의
충돌에도 신경을 써야 한다. 또 현재는 노동력이 싼 지역에서
물건을 만들어 생산 비용을 낮추는 것이 공업 생산의 상식적인
방법이 되고 있지만 자사 공장을 사정도 모르는 나라에 만드는 것
역시 높은 위험 부담을 동반한다. 따라서 '바람직한 품질의 제품을
필요한 양만큼 확보할 수 있는 것'이 보증된다면 제품의 제조나
조달을 회사 밖에서 해도 괜찮지 않을까 하는 발상이 태어난다.
예를 들어 반도체라는 부품은 임금이 비싼 나라에서 생산하는
것보다 저렴한 나라에서 공급받는 편이 유리하다. 실제로 상당히
오래전부터 그렇게 하고 있다.

　　현재는 주변 부품뿐 아니라 주요 부품에 이르기까지

전 세계에 만들어 둔 생산 공장과 물류 네트워크를 통해서
필요한 것을 합리적으로 조달할 수 있게 되었다고 한다.
이 이야기는 제품 디자이너인 후카사와 나오토에게 들었다.
좀 더 조사해 보면 그런 서비스를 전문으로 행하는 회사는
1960년 전후에 이미 출현했는데, 한때는 외진 곳에서 생산이
이루어지므로 품질 관리에 문제가 많았다고 하지만 최근에는
맹렬한 기세로 성장하고 있다. 컴퓨터의 'DELL' 등은 제조 부문을
이러한 회사에 아웃소싱하고 있는 메이커이다. 메이커끼리 서로
마음에 드는 조건으로 기술과 부품을 융통하고 있어서, 특히 전자
관련 제품에서는 완전히 한 회사에서만 만들어진 제품이 거의
없다. EMS Electronic Manufacturing Service, 즉 '전자 기기 위탁 제조
서비스'라는 사업 형태가 성장 일로에 있는데 주로 미국 서해안에
본사를 둔 이들 기업의 생산 공장은 중국, 아시아, 중미, 남미
등 제조 비용이 싼 지역에 잇달아 배치되면서 네트워크화되고
있다. 그리고 각종 일류 메이커의 제품이나 부품의 생산과 조립을
위탁받는다. 중국은 제품 제조의 거점일 뿐만 아니라 그 자체가
잠재적인 거대한 시장이므로 예외가 되겠지만 아시아의 국가나
지역이 생산 거점으로 주목을 받는 시대는 이미 지났다.

집약되는 메이커의 기능

그렇게 되면 자사 공장에서 제품을 만들던 '메이커'의 기업 의식에 당연히 변화가 찾아올 것이다. 말하자면 '제조'로부터 자유로워지고 상품 개발, 새로운 시장 탐사와 창조, IT를 이용한 새로운 판매 경로 개척, 상품을 매개로 한 다양한 서비스 제공 등에 사업을 집중할 수 있다. 극단적으로 말하면 자동차 메이커이면서도 자동차 제조에는 관여하지 않는 경우가 나타난다. 설계는 자사에서 한다. 구체적인 제품을 제조하는 것은 위탁 제조 회사이고 생산 비용이 저렴한 지구 곳곳의 공장을 네트워크화하여 제품을 생산한다.

자동차 메이커는 어떤 자동차를 만들 것인지, 그것을 어떤 시장에서 어떻게 팔 것인지를 계획하고 실행한다. 또한 자동차를 매개로 다양한 서비스를 전개한다. 보험이나 금융, 통신, 여행, 주택 등 자동차 판매 이외에도 다양한 서비스를 고객에게 제공하려고 할 것이다. 일본의 자동차 메이커는 자사 생산의 원칙을 지키고 있지만 수익을 위해서 무엇이든 도전하고자 하는 기업이라면 가능한 부품의 제조는 외부에 맡겨 조달하려 할 것이다. 컴퓨터와 가전제품은 언젠가는 통합된 기기가 될 것이다. 그렇게 되면 컴퓨터 회사가 가전제품의 제조 기술을, 가전제품 회사가 컴퓨터 제조 기술을 필요로 하게 될 것이므로 벌써 위탁 제조 회사에서는 그 수요를 내다보고 준비 자세에 들어갔다. 상황은 메이커의 수요를 앞질러 재빠르게 움직이고 있다.

시장을 정밀하게 '스캔'한다

메이커의 기능이 생산 기술보다는 상품 개발 능력으로 집약되어 간다고 하면 더욱 중요해지는 것이 마케팅과 디자인이다. 기업은 사업을 온전하게 운용하려 할 것이다. 타사보다 정확하게 시장을 파악하여 그에 맞는 상품을 계획하고 빈틈없는 방법으로 생산, 유통해 조금이라도 높은 수익성을 확보하고자, 자신이 가진 안테나의 정밀도를 높이려고 끊임없이 노력할 것이다. 이러한 경향은 점점 더 가속되고 있다. 현재의 마케팅은 어떤 의미에서는 매우 정밀해졌다. 파상적으로 이루어지는 시장 조사는 대상이 되는 고객의 기호나 잠재적 욕구를 상세하게 주워 담아 데이터화한다. 경험이 풍부한 마케팅 담당자가 이 데이터를 창조적으로 분석한다면 시장의 동향은 비교적 정확하게 예측할 수 있을 것이다. 새로운 시장을 찾아내는 일도 활발해질 것이다.

　　현재 시장에 있는 고객의 욕구나 희망은 마케팅을 통해서 고정밀도로 '스캔'되고 있다. 스캔이라는 단어를 비유적으로 사용한 이유는, 소비자의 실체를 냉철하게 조사하는 시장 조사가 대상이 되는 이미지를 빛을 이용하여 일률적이고 치밀하게 불러들이는 스캐닝과 매우 닮았다고 생각되기 때문이다. 예를 들어 자동차를 생각한다면 지금 일본에서 팔리는 자동차는 '일본인의 자동차에 대한 욕망'을 수없이 스캔하고 그 결과를 제품에 반영하여 재생산을 계속해온 성과이다.

자주 듣는 일본산 자동차에 대한 비판으로, 다른 나라의 자동차에 비해서 미의식이 부족하다거나 철학이 부족하다는 말이 있다. 분명 일부 유럽의 자동차에는 강한 자기주장을 느끼게 하는 것이 있다. 자동차라는 제품에 담긴 생산자의 의욕이 느껴진다. 일본의 자동차에는 그런 것이 없다. 일본의 자동차는 일본인의 욕구만을 좇은 결과이므로 자아가 느껴지는 면은 거의 찾아볼 수 없고 매우 온후하며 순종적이다. 성능이 우수하고 연비도 좋고 고장도 적다.

일본의 자동차가 일본인의 눈에 얌전하게 보이는 것은 자동차에 대한 일본인의 욕망을 정밀하게 스캔하고 그것에 완벽하게 순종하는 형태로 만들었기 때문이다. 따라서 좋은 의미에서건 나쁜 의미에서건 일본의 자동차는 일본인의 자동차에 대한 욕망의 수준 그 자체이다. 마케팅이 정밀하게 이루어지는 한 제품은 그 메이커가 참여하고 있는 시장의 의식을 반영하며, 그 욕망의 수준이나 방향이 이들 제품을 통해서 뚜렷하게 드러나기 때문이다.

글로벌 시장을 생각하는 경우 상품 경쟁력의 원천은 그 상품이 참여하는 시장의 의식 혹은 욕망에 있다. EU, 미국, 일본 그리고 잠재적으로는 중국······. 세계에는 이런 큰 시장이 있다. 일본의 메이커도 미국 시장에 방향을 맞추는 경우에는 미국을 스캔해서 상품을 만들 것이다. 그러나 기본적으로 1억 3,000만 명이라는 일본 시장을 모태로 삼는 이상 일본의 자동차는 필연적으로 일본풍으로 만들 수밖에 없으리라.

욕망의 대상이 되는 시장의 선정, 즉 '모태가 되는 시장의 선택'이 세계적 의미에서 상품의 우위성에 영향을 준다면 그곳에는 생각해야 할 문제가 가로놓여 있다.

이것은 영화의 제작과 비슷할지 모른다. 일본 국내 상영을 전제로 하는 이상 일본 영화는 필연적으로 일본적인 것이 된다. 할리우드 영화는 처음부터 글로벌 시장을 전제로 하지만 이것은 모국인 미국의 문화 그 자체이다. 프랑스 영화나 이탈리아 영화는 어딘가 EU의 분위기를 풍긴다.

앞에서 설명한 자기주장이 강한 외국 차는 외국 영화와 마찬가지로 일본인을 타깃으로 삼고 있지는 않다. 오히려 적당하게 무시한 채 성립된다. 때로는 위화감이 느껴지고 때로는 이국적으로 보이기도 한다. 이렇게 자아가 깃들어 있는 이국적인 제품을 좋아하는 사람들도 있다. 그러나 그것이 메이커의 로맨틱한 자기주장이라면 그 매력은 그리 신경 쓸 문제가 아니다. 문제는 다른 시장 예를 들면 유럽 시장의 욕망 수준을 냉정히 조준한 자동차가 일본 시장에서 인기가 있는 경우이다.

욕망의 에듀케이션

감각이 뒤떨어진 나라에서 정밀한 마케팅을 한다면 감각적으로 뒤떨어진 상품이 만들어지지만 그 나라에서는 잘 팔린다. 감각이

좋은 나라에서 정밀한 마케팅을 하면 감각적으로 뛰어난 상품이
만들어지고 그 나라에서도 잘 팔린다. 상품의 유통이 세계적인
규모로 진행되지 않는 한 이것은 이것대로 별 문제가 없겠지만
감각이 뒤떨어진 나라에 감각적으로 앞선 나라의 상품이 들어오면
그 나라 사람들은 들어온 상품에 자극받아 눈이 트여 타지에서 온
상품에 욕망을 품게 될 것이다. 그러나 이 반대의 경우는 발생하지
않는다. 여기서 말하는 '감각이 좋은' 상품이 그렇지 못한 상품과
비교되는 경우 뒤처진 상품의 개발을 촉진하기도 하지만
다른 한편으로는 밀어내버리는 힘도 갖고 있다.

　　넓은 시야로 형세를 판단하는 단서가 여기에 있다.
즉 문제는 마케팅의 정밀성에 달린 것이 아니다. 그 기업이
진출하는 시장의 욕망이 얼마나 높은 수준으로 유지되고 있는지를
항시 주시하면서 그에 맞는 전략을 마련하지 않는다면, 그 기업의
상품이 인기를 얻기는 불가능하다. 이것이 문제이다. 브랜드는
가상으로 만들어지는 것이 아니라 대상으로 하는 나라와
그 문화 수준을 반영한다.

　　일본의 자동차가 국외에서 평가를 받고 실적을 올리는
한 일본인의 자동차에 대한 의식 수준은 염려하지 않아도 된다.
일본의 자동차는 특히 그 성능 면에서는 국외 시장에서 높은
평가와 신뢰를 유지하고 있다. 신중한 일본인의 성향은
자동차를 포함한 다양한 공업 제품의 기본 성능을 높은 수준으로
유지하는 데 기여한다.

그러나 소형차나 실용 차가 아닌 고급 세단을 중심으로 세계 시장을 바라본다면 BMW, 아우디, 벤츠 등의 인기가 여전히 높다. 일본 시장에서도 비슷한 현상이 일어난다. 왜 그런 것일까? 이것은 단순히 브랜드 이미지가 강하거나 약하거나 하는 문제가 아니다. 아마도 이런 등급의 자동차에 대한 일본인의 의식 수준이 독일이나 유럽에 미치지 못함을 방증傍證하는 것은 아닐까. 이러한 부분에서 드러나는 품질은 자동차의 성능 문제가 해결된다거나 개인 디자이너가 분발한다고 해서 해결될 문제가 아니다. 좀 더 종합적인 품질, 말하자면 품위나 품격으로 형용할 만한 성질의 문제인 것이다. 그런 성질이 부족하다. 시장의 욕망 밑바닥에 깔린 이러한 요소는 간단하게 개선될 수 있는 것이 아니다.

잠시 자동차를 예로 들어 이야기했는데, '구두'이든 '사무용 가구'이든 마찬가지다. 상품의 모태가 되는 시장의 욕망 수준이 글로벌 시장에서 상품의 성패를 좌우한다. 그것은 일반적인 마케팅과는 다른 심도에 초점을 맞추지 않으면 잘 보이지 않는 문제이다. 그러한 문제를 생각해나가는 것이 '욕망의 에듀케이션'이다.

홍콩에서 먹는 중국 요리는 맛있지만 도쿄에서라면 그렇게 맛있지는 않다. 그것이 주방장의 기량에 관한 문제라면 솜씨 좋은 주방장을 홍콩이나 중국에서 데려오면 되고 실제로 그렇게 하는 곳도 많다. 그러나 이 격차는 노력한다고 해서 메워질 수 있는 것이 아니다. 왜냐하면 문제는 주방장이 아니라 고객이기 때문이다. 맛있는 중국

요리를 찾는 고객의 숫자를 비교하면 도쿄는 처음부터 홍콩의
상대가 되지 못한다. 그러나 이야기의 주제가 '스시'라면 입장은
당연히 뒤바뀔 것이다.

일본인의 생활 환경

이번 이야기는 일본인의 생활 의식 전체에 관한 문제이다. 따라서
근본적으로는 일본인의 생활 의식에 깊은 영향을 주는 요인을
일일이 검증해볼 필요가 있다. 예를 들어 주택은 어떠한가?

　　일본의 분양 주택 수준은 그리 높다고 할 수는 없다. 주택
전시장에 가보면 언제나 그렇듯이 실망만 하고 돌아온다. 외관도
그렇지만 획일적인 구조, 연구가 부족한 채광, 싸구려처럼 보이는
바닥, 벽, 천장의 소재들, 문에 달린 지나친 장식, 기묘하게 생긴
조명 기구, 모양이 엉성한 손잡이……. 일본인의 집에 대한 관심이
결코 얕지는 않다. 내 집 마련에 땀을 쏟고 돈을 모아 막대한
대출까지 받아 가면서 구입하고 있기 때문이다. 이것은 그저 그런
쇼핑이 아니다. 집을 사는 것은 꿈을 실현하는 것이다. 그렇게
중요한 쇼핑인데 이 정도의 수준이라니……. 신중의 정도가 극에
달하는 만큼 그곳에 노출되어 있는 낮은 의식이 슬프기까지
하다. 일본인은 좋지 못한 주택 사정을 지나치게 높은 땅값
탓으로 돌리고 싶겠지만 그렇지 않다. 주택 공간에 대한 미의식이

성숙하지 않았기 때문이다. 즉 욕망의 수준이 낮다.

일본인은 근대적인 주거에 대해 이상적인 모델을 제시받지
못한 채 살아왔다. 메이지 유신으로 서양 문화가 도입되었지만
주거 문화란 양복처럼 간단하지 않다. 서민 수준에서는 더욱
그렇다. 다다미방과 마룻바닥을 잘 융합시키는 만족스러운
방법조차 찾지 못하고 해결을 뒤로 미룬 채 오늘날까지 온 것이다.
서민이 주거 공간에 대해서 학습하는 교재는 부동산업자가 신문에
끼워 넣는 광고 전단이다. 2DK라든지 3LDK 등의 구조를 보면서,
방 2개+부엌식사가 가능한, 혹은 방 3개+거실+부엌이라고 학습한다.
방의 넓이는 다다미 숫자로 세고, 바닥 소재의 차이로 서양과
동양을 구별한다. 따라서 마케팅을 하더라도 '2DK에 주차장,
방 1은 동양식'이라고 말하기만 하면 어떤 모델인지 쉽게
상상하게 만들 수 있다. 그런 부동산 전단이 '레퍼런스 효과'를
불러, 욕망은 일그러진 채 일반화되고 있는 것이다. 덧붙여
설명하자면 '2DK'는 니시야마 우조西山夘三라는 건축가가
간토 대지진 후 일본인의 표준적 합리적인 생활 공간을 연구한
끝에 고심해서 얻은 아이디어이다. 그러나 부동산 용어로
사용되면서 이제는 일본 주택 공간의 단위를 기술하는 기호가
되어 버렸다. 부동산 업자에게는 편리했을지 모르지만 다른
의미로는 주택 공간에 대한 대중의 욕망 수준을 낮게 억누른
정반대의 '교육 효과'를 만들고 말았다.

주택 분양을 알리는 전단지에 넓이는 똑같은데 가격이

다른 집이 실려 있었다. 가격이 높은 집의 현관문은 화려한 장식이 달렸고 가격이 낮은 쪽은 단순했다. 비싼 쪽 거실 전등은 샹들리에를 매달았으며 싼 쪽은 간소했다. 간소한 쪽이 오히려 아름다웠지만 가격은 화려한 쪽이 높았다. 그 주택 판매 회사에 이유를 물어보니 마케팅 결과 그런 답이 나왔다는, 즉 손님들이 '원하고 있다'는 것이었다. 비슷한 스타일의 집을 놓고 세부 차이로 구분을 지으면 자산을 많이 가진 고객은 비싼 쪽을 선호한다고 한다. 이것은 잘못된 방향을 향하는 '어긋난 욕망의 에듀케이션'의 한 예다. 이러한 마케팅을 반복할수록 일본의 집 그리고 그 집합체로서의 도시는 수준이 점점 낮아질 것이다. 생활 습관이 다르므로 '집'을 국외 시장에 수출하는 기업은 없겠지만 만에 하나 있다 해도 인기가 있을 리 없다.

아마도 이와 같은 일반적인 주택 공간이 공급된 사정이 학습 효과를 만들어 다양한 생활용품에 대한 욕망을 형성하는 데도 영향을 끼치고 있을 것이다. 다른 이의 생각은 어떤지 모르겠으나 앞에서 설명한 '고급 세단' 문제도 어느 정도는 관련성이 있을 것 같다. 일본의 자동차는 조작성이나 공간의 편안함이 아니라 2DK, 3LDK처럼 사용하기 편한 점만을 우선시하여 진화하고 있는 것 같다. 그렇지만 이것이 전부 다 나쁘다고는 생각하지 않는다. 유럽과 같은 사회적인 계층 의식이 거의 없는 '모두가 중류'인 일본에서는 '고급 세단으로 상징되는 욕망 따위는 필요 없다.'라는 의견도 있을지 모른다.

일본의 주택 공간에 관한 내 개인적인 생각이지만, 이제는 '토지가 딸린 개인 주택'의 구입을 목표로 하는 성향은 버리는 편이 좋다. 자유롭게 되팔 수도 없거니와 꼭 그곳에 살아야 한다면 자신의 자산이건 아니건 상관없기 때문이다. 오히려 공간 자체의 품질에 눈을 돌렸으면 한다. 이를 위해서는 주택 공간을 생활에 맞추어 '편집'한다는 합리적인 발상이 필요하다. 기본적으로는 바닥, 벽, 천장, 부엌, 목욕탕, 화장실, 통신 인프라, 수납 공간, 문, 건축 철물, 가구, 조명 그리고 다양한 생활 잡화로 생활 공간을 편집할 수 있다. 그곳에 토지는 들어가지 않아도 된다. 특히 도시 지역에서는 더욱 그렇다. 앞으로 낡은 빌딩처럼 구조나 인프라는 문제가 없지만 인테리어가 케케묵은 건축물이 다수 발생할 것이다. 유럽의 오래된 도시처럼 재건축이 엄격하게 규제되는 곳에서는 스스로 기호에 따라 내부의 인테리어를 다시 꾸며서 살아가고 있다. 건축물의 구조는 '뼈대skeleton'라고 하며 실내의 생활 공간은 '인필infill'이라고 한다. 이 '인필'을 자유자재로 편집하는 능력을 개발해간다면 아직 일본의 주택 공간도 기대할 만한 여지가 충분하다. 생활의 기반인 주거 공간에 대한 의식 수준의 향상은 아마도 모든 마케팅의 기본이 되는 보통 사람들의 의식 수준을 높이지 않을까. 그런 것으로부터 독특한 생활 문화가 태어날지 모른다.

2002년 일본 디자인 커미티Japan Design Committee가
개최한 전시회〈디자인의 원형〉. 커미티 멤버인 후카사와
나오토, 하라 켄야, 사토 다쿠佐藤卓가 기획했다. 최적의
물건을 만드는 기쁨, 최적의 물건을 사용하는 기쁨이라고
할 수 있는 디자인 본래의 모습을, 변하지 않는 본질을
보여주는 원형적 제품들에서 찾아본다.
사진 나카사 & 파트너스Nacása & Partners

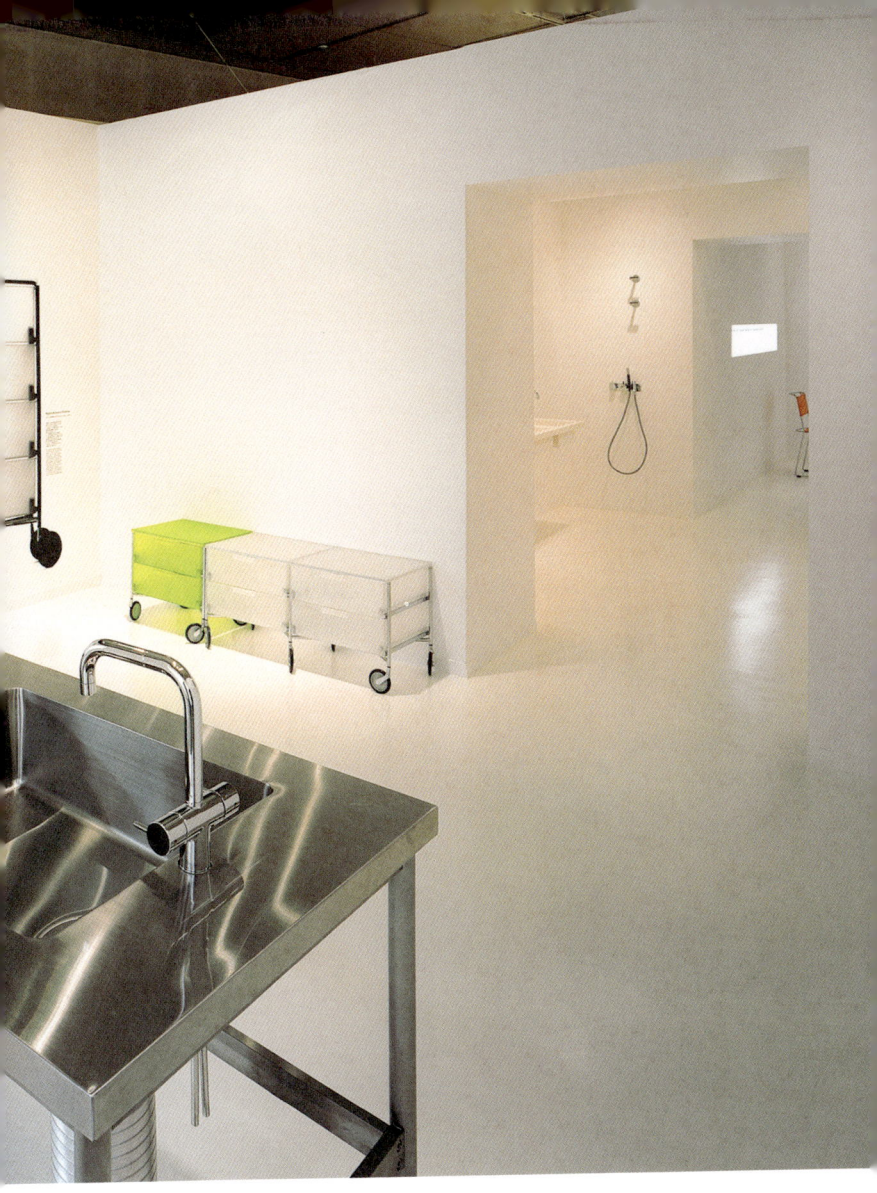

G-Type Soysauce Bottle/Masahiro Mori
1958 Hakusan Porcelain

手と作法から生まれた「流者」の形/G型しょうゆさし/森正洋

人差し指でキャップを押さえ、親指と中指でボトルを支える。
親指を使う時指が外れ出しで決定される形をする。
モノの形だけではなく、それを使うつかの姿とそれを使う時代のすべてが
統合されたデザイン。たとえば濡れ立って容理塑に行く。
互いの小皿に家族をさしつける時の「つくいつも際象が繰り広げられるわけである。
そういうシーンにこれはよく到ける。
親の小添みの上にさすさなれがあり、指で押さえて親指の小添を間整できる。
これは流量を「さす」ためのものです「かけまわす」ためのものではない。
このデザインによって料理がおいしく、上品にそうに見えてくる。

Holding the bottle with a thumb and
a middle finger, the cap with a forefinger,
you pour the sauce over the food like
a fixed manner. The focus of its design is
on the total elements including the crust
itself, the hand holding it and the series
of actions of using it. Suppose you are
at a sushi bar with your spouse.
This crust is fit for a picture in which you

serve soy sauce to each other's plate.
A small hole on the cap's top is for
controlling the amount of the served
sauce with your forefinger.
This is for serving soy sauce little by
little properly and elegantly and not for
pouring its content all over the food.
The food we have will look delicious
and graceful thanks to this design.

G-Type Soysauce Bottle   Masahiro Mori

16   17

『디자인의 원형』 본문 중 간장 병

Sleek/Achille & Pier Giacomo Castiglioni
1962/Alessi

マヨネーズの完璧なすくい心地/スリーク/
アッキレ&ピエール・ジャコモ・カスティリオーニ

「sleek」には、「なめらかな」と「御り心地のよい」という意味がある。
これはマヨネーズやジャム用のスプーンである。スプーンの内部の完璧的に
ぴったりと沿っている。窓めと、あるいは底の内部に沿ったマヨネーズを
スプーンで余裕ある地寄の脱いもどんとおはんじる各美様の好壁。
生活の中に感謝きれをすくる体験がある。
このスプーンは完素に解決してくれている。
カスティリオーニのデザインはいつも「眠り心地がよい」。「そうそう、そうなんだよ」という快感がある。
プラスチックの半透明な素材は、今の流行とはほど遠い1962年の仕事。
彼らも当時もこの愛憐さに愛念はない。

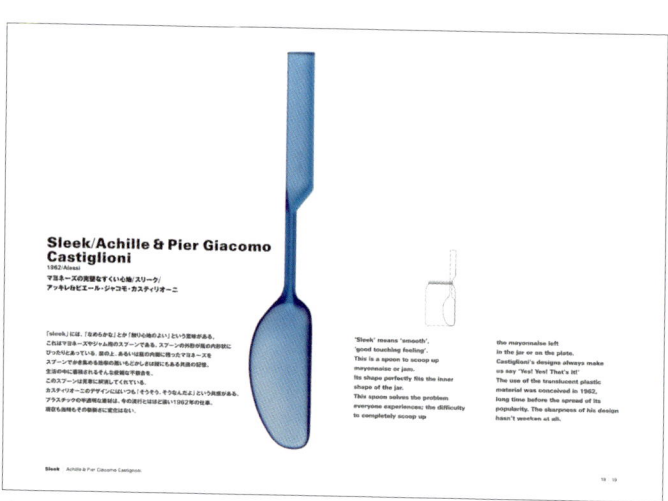

'Sleek' means 'smooth',
'good touching feeling'.
This is a spoon to scoop up
mayonnaise or jam.
Its shape perfectly fits the inner
shape of the jar.
This spoon solves the problem
everyone experiences; the difficulty
to completely scoop up

the mayonnaise left
in the jar or on the plate.
Castiglioni's designs always make
us say 'Yes! Yes! That's it!'
The use of the translucent plastic
material was conceived in 1962,
long time before the spread of its
popularity. The sharpness of his design
hasn't weaken at all.

Sleek   Achille & Pier Giacomo Castiglioni

18   19

마요네즈 스푼

これまでの正球のグローボールを少し手前に
設置するような形、そして奥から大きめ。

表現全体に広がるのか奥行のない一つ一の光の放散面は、
影が出し光拡え立体感があって、空間に光の方があるように見える。
光の上に浮かる実面を少なくして、不要面な存在感を薄れ出す効果を薄める。
上部に掛けられたこの灯の下にはもともを光を－2mmの細いワイヤーが
深いボール支えるから持っている上部のうける、ひり持づけるとワイヤーは見えなくなり、
ルーズなコードなの何状で光のボール は、ふんわりと浮かして見える。
球の点灯を置からは浮かぶ球状の感觉を感じられ、
まるで青らかく大きな光のた体が空間に浮かんで遊出るように見える。
これ以上きれい な光の方法はあるたろうか。

The bulb of this light has a particular
flat shape.
Its volume and flat radiation of light
given off from its whole surface make it
lose the solid impression
and create such a magical image as a
light hole in the space or a flat light
board in the air.
The wire supporting the weight of the
light ball is only 1-2mm in its diameter.
The wire becomes invisible when

the light is on and with the effect of
the loose switching pull cord,
it looks as if it were a floating balloon
of light in the air.
The flat warp of its light bulb does not
have the stiffness particular to
geometric objects.
It is just a soft big mass of light floating
still in the air.
I wonder if we can find more mystic
beauty of a room light than this.

GLO-BALL/Jasper Morrison
1998/Flos
太陽を思わせる、あかりの雰囲/グローボール/ジャスパー・モリゾン

글로-볼

この椅子のいちばん一番の特質は、大きな背もたれにてある。
背中を依頼し、座った時に自然に抱えかけられる。
足を組み、ひじを掛れたまに寄せたのポーズが自然に連足できる。
つまり人間の体ほに、暮らしいうけ身をも
壊も良い自然状でサポートする自然的なことにある。
プライウッド（成形合板）とクロームの細い脚を使った組み合わせとしても
これが理想に変える、他の椅子はこことから独立である。
シンプルな素材の組み合わせ光元き、ヤコブセンのわずにかかる心
これだけ完成度があがり、また独自の強さがなるがである。

The most characteristic thing of this
chair is its large board for its back-
support. It supports and protects our
backs when sitting and we can naturally
rest either of our arms on it, too.
You can imagine a person sitting on it
with his legs crossed and one of his
arms rested on its back-support.
The shape of this chair is the most
natural one that will allow us to enjoy

the act of sitting in the most natural
way with the greatest freedom.
The composition of this chair is of only
plywood and thin legs made of chrome
steel, which is to be the original model
of the series. Jacobsen has such a
ingenuity to make the combination of
these simple materials reach this
degree of perfection and give this chair
its strong uniqueness.

SEVEN CHAIR/Arne Jacobsen
1955/Fritz Hansen
プライウッドとクローム脚の組み合わせ/セブン・チェア/アルネ・ヤコブセン

세븐 체어

일본이라는 밭의 토양을 비옥하게 한다

지금까지 몇 번이나 '일본'을 말했지만 1억 3,000만 명의 시장은
대단히 커다란 시장이다. 마케팅을 하는 데 시장은 '밭'이다. 나는
이 밭이 보물이라고 생각한다. 밭의 토양을 조사하고 생육하기
쉬운 품종을 개량하여 심는 것이 아니라 좋은 수확을 얻을 수 있는
밭이 되도록 '토양'을 비옥하게 다지는 것이야말로 마케팅의
또 다른 방법이다. '욕망의 에듀케이션'이란 그런 것이다.
'욕망'이라는 생생한 묘사에 거부감을 느낄지도 모르지만 단순한
'의식'보다는 좀 더 능동적인 뉘앙스를 찾은 결과 이러한 용어가
되었다. '에듀케이션'이라는 영어를 사용한 것은 '교육'이라는
단어에서는 일종의 압력이 느껴지기 때문에 '잠재되어 있는 것을
이끌어낸다.'라는 의미의 이 단어를 선택했다. 나 스스로 좀 더
우아한 표현을 찾으려고 사색도 많이 해보았지만 여기서는
이 단어를 사용하고자 한다.

뛰어난 토양에서 뛰어난 작물을 수확하듯이 감수성이
충만한 시장에서는 풍부한 데이터를 수확할 수 있다. 다행인지
불행인지 1억 3,000만 명의 일본 시장은 세계화의 물결 속에서
'일본어'라는 방파제로 보호받고 있다. 다행히도 일본인은 영어에
서툴기 때문에 일본 시장은 신기할 정도의 오리지널리티를
유지한다. 이 독보적인 시장에서 욕망의 질을 비옥하게 만드는
것이 곧 수확물의 품질을 향상시키고 세계 무대에서 일본의

전시회 〈디자인의 원형〉 | 사진 나카사&파트너스

2003년 세계 최대의 가구 전시회인 〈밀라노 살로네
Salone Del Mobile Milan〉에서 열린 〈무인양품〉 전시회.
궁극적인 합리성을 찾아내려 하는 무인양품의 비전을
보여주는 동시에, 세계 각지의 문화와 재능을 가진
사람들에게 적극적인 협력을 호소했다. 인테리어는
스기모토 다카시, 전시 상품 선정은 후카사와 나오토,
전시 그래픽은 하라 켄야가 각각 담당했다.

사진 나카사 & 파트너스

〈밀라노 살로네〉에서 열린 〈무인양품〉 전시회 | 사진 나카사 & 파트너스

경쟁력을 끌어올려 줄 수 있을 것이다. 디자인이라는 행위는
멀리 내다보면 그런 상황으로 작용할 것으로 생각한다.

넓은 시야의 디자인

일상은 미의식을 키우는 온상이다. 앞에서 자동차와 주택 공간
이야기를 꺼냈는데, 편의점에서 판매되는 상품 하나하나도 실은
학습으로서의 효과가 있으며 우리는 매일 이것들을 통해서
교육받는다. 또한 슈퍼나 편의점을 통해서 판매 자료의 정밀한
분석이 일상적으로 이루어지고 있다. 마케팅은 신선한 감수성을
잡아내는 한편 태만에 빠져들기 쉬운 소비자의 성향도 정확하게
파악한다. 정밀한 마케팅은 이 '느슨함'이라고 해도 좋을 만한
고객의 성향을 정확하게 분석하고 상품이라는 형태로 완성하여
유통한다. 고객의 본심에 더 가깝게 다가선 상품은 잘 팔리겠지만
다른 의미로는 마케팅이 생활 문화를 응석받이로 키운 것이며
이것이 반복되면 문화 전체가 태만한 방향으로 기울어질 위험성이
있다. 세계적인 시점에서 보았을 때 그곳에서 만들어지는 상품이
다른 시장을 개발할 힘을 갖고 있을 리 없다.
　　유럽형 브랜드가 강한 의지로 특정한 개성을 계속해서
유지하는 데 비하여 일본의 일용품은 마케팅의 반복으로 점점
더 태만하고 느슨한 상품으로 변화해간다. 결과적으로 일본인의

쇼핑은 편의점이나 슈퍼에서의 쇼핑과 브랜드 숍에서의 쇼핑으로 양분화된다.

생활 환경 속에서 사물을 보는 합리적인 태도 디자인에 대한 교육이 의무 교육 초기에라도 이루어졌다면 사람들의 의식이 달라졌을지도 모른다. '맨홀 뚜껑이 왜 둥글지? 둥글지 않으면 뚜껑이 구멍 속으로 빠지니까.'라는 것은 수학적인 문제가 아니라 디자인의 문제이다. 더욱 근본적으로 말하면 일본인은 디자인에 대한 기초 교육이 부족한 것이다. 다만 이 책에 내가 써 온 것은 그런 기초 교육의 제안이 아니다. 앞으로의 경제는 적어도 '생활 기술'의 경쟁과 더불어 프랜차이즈 시장에 잠재된 '문화 수준'의 경쟁이 된다. 각각의 문화 또는 시장에서 얼마나 다른 시장을 자극할 수 있는 제품을 만들어낼지에 경쟁의 승패가 달렸다. 나는 그런 것들을 예견하면서 시장이라는 밭을 비옥하게 만들 가능성에 대한 생각에 빠져 있다. 그 방법은 수없이 많겠지만, 시장의 요구에 답하면서도 소비자의 미의식에 은밀히 호소하여 그곳에 학습의 효과가 나타날 수 있는 그런 디자인을 목표로 삼고 싶다. 이것이 상업적인 일들에 참여하는 나 자신에게는 '대승적인 자세'가 될 것 같다.

제6장 나는 일본에 살고 있다

일본을 더 많이 알고 싶다

그동안 방문했던 도시를 노트에 적어 보니 100곳에 가깝다. 감동을
준 거리도 셀 수 없이 많았고 새로운 자극을 준 장소도 많았다.
그러나 그 어느 한 곳도 평생을 함께하고픈 마음이 들지는 않았다.
나는 도쿄를 나의 삶의 터전으로 생각하고 있다. 뉴욕에 살지는
않겠다. 베를린을 거점으로 삼을 생각도 없다. 일본의 도쿄라는
장소에 뿌리를 내리고 세계를 마주하는 것이 가장 자연스럽다.
　　도쿄는 호기심이 왕성한 도시이다. 세계 어느 곳을 봐도
일본만큼 정보를 모으는 데 열심인 나라는 없다. 그리고 그 정보를
조심스럽게 맛보면서 근면한 지성으로 세계에서 일어나는 일들을
생동감 있게 이해하기 위해 움직이는 도시이기도 하다. '내가
서 있는 장소가 세계의 중심이 아니다.' '원래부터 세계에 중심이란
없다.'라는 의식이 그 배후에 작용하고 있는 듯한 기분이 든다.
자신들의 가치관으로 모든 것을 추측하지 않고 타국 문화의
문맥을 추리하여 그것을 이해하고자 한다. 그렇게 열심인 이유는
아마도 일본이라는 나라가 거쳐온 쉽지 않은 근대화의 경험이
크게 작용하기 때문이라고 생각한다.
　　일본은 그동안 패전과 원자 폭탄의 피폭을 경험하였다.

그리고 고도의 경제 성장과 더불어 세계를 움직이는 부富의 의미를 알게 되었고 또 공업화의 급속한 진전으로 환경오염을 일으켰으며 다시 그것을 극복함으로써 자연과 환경의 중요성을 스스로 체험하였다. 나아가 투기로 인한 거품 경제의 붕괴로 급변하는 경제의 허무함도 경험하였다. 좀 더 과거로 눈을 돌리면 내가 태어나기 불과 100년 전의 일본은 에도 시대였다. 1,000년이나 되는 문화의 축적 위에 300년의 쇄국을 더하여 독자적인 문화를 구축한 시대였다. 온전한 일본이라고도 할 수 있는 이 에도 문화를 체념 끝에 서구화의 길로 전환한 메이지 유신이라는 문화 혁명이 얼마나 굉장했는지, 지금의 우리로서는 그때의 상황을 제대로 상상할 수 없다. 그러나 아마도 서구화를 위한 정보 수집이나 학습에 소비한 에너지는 상상을 초월하는 양일 것이며 자신들의 전통문화와 서양 문화가 서로 어긋나 생기는 마음의 상처도 틀림없이 많이 받았을 것이다.

디자이너로서 일본의 근대사를 되돌아본다는 것은 분열된 문화나 감수성을 떠올리는 것이기도 하다. 내가 만약 에도 막부에 근무하는 디자이너였다면 메이지 유신을 눈앞에서 보고 할복자살을 기도했을지도 모른다. 물론 패전을 겪은 후 일본의 문화를 미국 문화와 융합해나가는 것, 오늘날 사람과 사물의 유통이나 더욱 가속화되는 경제를 통해 세계의 다양성과 만나는 것 역시 문화적으로는 여러 가지 갈등을 포함한다.

문화적으로 보면 일본의 근대사는 상처투성이다. 그러나

자국의 문화를 몇 번이나 분열시키는 아픔과 갈등을 거친 일본이기에 가질 수 있는 인식도 있다. 일본인은 마음속 어딘가에서 늘 자신을 세계의 주변에 두고 영원히 세련되지 않은 촌뜨기로 생각하는 버릇이 있다. 그러나 그것은 꼭 비하되어야 할 나쁜 버릇은 아니다. 자기를 세계의 중심으로 생각하지 않고 겸허한 위치에 있고자 하는 의식은 그냥 놔두는 편이 더 좋지 않을까. 미국과 같이 세계의 중심에 자신을 놓는 것이 아니라 오히려 주변에 있음으로써 가능해지는 신중함이 깃든 세계관, 글로벌이란 오히려 그런 시점에서 보아야 손에 잡히는 것이 아닐까. 세계와 비교하면서 자신들의 장점과 결점을 냉정하게 자각하고 그 위에서 글로벌을 생각해나간다. 향후의 세계는 어쩌면 그러한 태도가 필요할지도 모르겠다.

　　생각해보면 일본은 아시아의 동쪽 끝이라는, 세계지도에서도 특별한 장소에 있다. 저널리스트 다카노 하지메 高野孟가 그의 저서 『세계 지도를 읽는 방법世界地図の読み方』에서 일본의 지리적 위치에 대한 재미있는 관점을 이야기한 글이 있기에 소개한다. 지도를 90도로 회전시키고 유라시아 대륙을 '파친코일본식 슬롯머신'라고 가정한다면 가장 아래의 '구슬 통' 위치에 일본이 있다고 한다. 그러고 보니 분명 유라시아 대륙은 파친코 기계처럼 보이고 일본은 모든 구슬을 담아내는 맨 아래의 구슬 통처럼 보인다. 그렇게 생각하니 문화의 전승이나 영향의 경로도 지금까지의 획일적인 발상에서 벗어나 자유로워지는

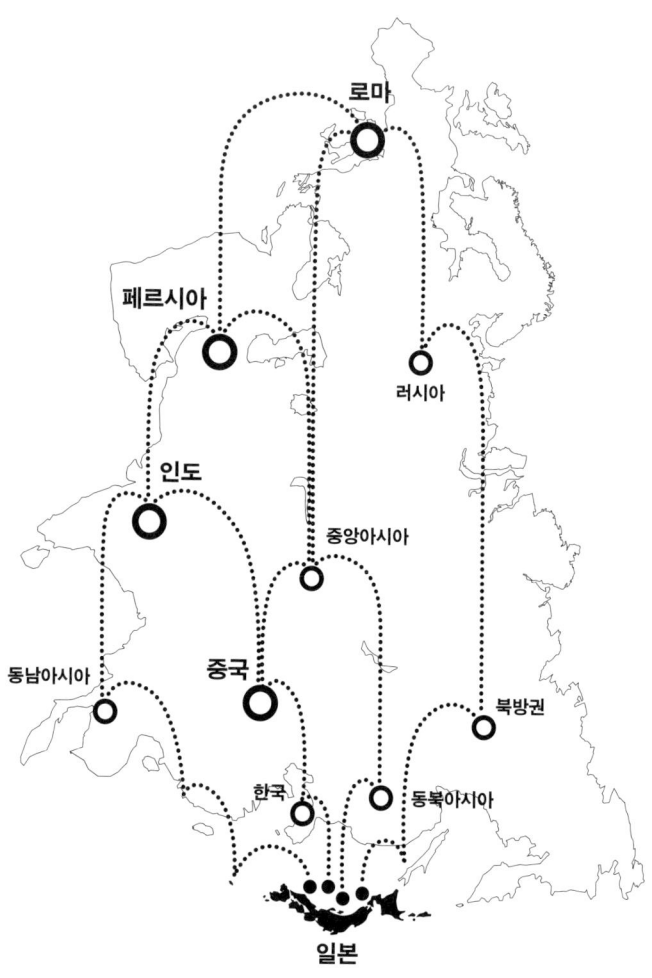

로마

페르시아

러시아

인도

중앙아시아

동남아시아

중국

북방권

한국

동북아시아

일본

다카노 하지메의 『세계 지도를 읽는 방법』을 참조해 그린 그림

느낌이 든다. 문화의 전파 경로는 로마에서 페르시아를 거쳐 둔황敦煌에 이르는 이른바 '실크로드'를 통해 중국, 한반도를 경유하여 들어왔다고만 생각하고 있었다. 대부분은 그랬을지도 모르겠다. 그러나 지금 눈앞에 지도를 마주하고 있으니 여러 가지 모양으로 흘러내리는 파친코 구슬처럼 수없이 많은 경로가 있었을 것이라고 상상의 나래를 펴는 나 자신을 발견하게 된다. 유구하게 이어지는 바다의 실크로드에는 당연히 오세아니아나 폴리네시아 루트도 있었으리라. 또 북쪽의 시베리아나 퉁구스 문화권을 거쳐 사할린을 경유하더라도 구슬은 정확하게 통 속으로 굴러 떨어질 것이 틀림없다. 몽골 고원을 가로질러 그대로 낙하하는 구슬도 있었을 것이다. 일본 밑에는 아무것도 없다. 태평양이라는 나락을 배후에 두고 도래하는 문물 전부를 받아들이는 위치. 일본은 그곳에 존재해왔다. 주변이라면 분명 주변이기도 하겠지만 이 정도로 세계에 대해서 냉정한 시선을 가질 수 있는 장소도 그리 흔치는 않으리라. 다카노 하지메는 그러한 시점을 제시하고 있다. 나는 지형에 대한 이 독특한 관점에 큰 충격을 받았다.

단순함에 대한 지향과 텅 빈 공간에 '툭'하고 물건을 배치하는 긴장감을 가진 일본 문화는 아시아 속에서도 특수하다. 다른 아시아 지역은 장식 하나에도 오밀조밀한 섬세함이 있다. 그러나 일본은 반대로 간결하고 텅 빈 것을 좋아한다. '풍류를 즐기는 것數奇' '고요함寂' 그리고 '여백間' 등과 같은 감성의 토양은 대체 무엇이란 말인가? 그것은 무엇에서 기인했을까? 그런 물음에 대해서는 오랫동안 해답을 찾지 못한 채 지금에 이르렀다. 90도 회전시킨 이 지도를 바라보고 있자니 그 의문이 연기처럼 사라져 가는 느낌이 들었다. 바꾸어 말하면, 납득할 수 있게 되었다고나 할까. 다양한 루트에서 각양각색의 문화를 받아들이는 일본은 상당히 번잡한 문화의 집합소였으리라. 그 전부를 받아들이고 혼돈을 떠안음으로써 반대로 일거에 그것들을 융합시키는 극한의 하이브리드hybrid에 도달하였다. 극도의 단순함, 곧 제로 위에서 모든 것을 지양止揚하는 방법을 알게 된 것이 아닐까. 텅 비우는 것으로 완전한 균형을 이루게 하는 감각에 도달한 것은 아닐까. 일본을 최하단에 배치한 유라시아 대륙을 바라보고 있노라면 그런 생각이 든다.

일본의 미의식은 주변에 있으면서 세계의 균형을 유지하는 예지叡智가 만들어낸 것이다. 아시아의 동쪽 끝이라는 위치, 그곳에서 자라난 독자적인 문화적 감수성 그리고 근대화를 진행하는 과정에서 겪은 힘겨웠던 경험을 배경으로 냉정하게 세계와 마주 볼 수 있는 자세, 그것들을 모두 합한 것이 오늘의 일본이다. 그러한 땅에 태어났으니 나는 이곳에 살면서 세계에 귀 기울이고 싶다. 이 땅에 감각의 뿌리를 내리고 그 뿌리가 세계 곳곳으로 이어질 수 있도록 소중히 키워 나가고 싶다.

『그늘에 대하여』는 디자인의 본보기

최근 친구들이 연이어 다니자키 준이치로谷崎潤一郎의『그늘에
대하여陰翳禮讚』를 다시 읽어 보라며 권한다. 글쟁이인 하라다
무네노리原田宗典와 제품 디자이너인 후카사와 나오토이다.
후카사와는 디자인 잡지에 서평을 실었고 하라다는 친절하게도
문고판까지 가져다주었다. 두 사람 모두 양갱 이야기가 나오는
부분이 가장 인상적이라고 말한다. 다니자키는 양갱이라는 것은
어두운 곳에서 먹는 과자라고 이야기한다. 일본 가옥의 어두침침한
방에서 먹기 때문에 양갱은 까맣다. 어둠에 녹아 형태도 분명치
않은 덩어리를 입에 품었을 때 느껴지는 그 달콤함, 그런 감각이
양갱이라는 과자의 본질이라고 한다. 그의 착안에 두 친구는
감명을 받았던 것 같다.

　　물론 저마다 책을 읽고 느끼는 방법은 미묘하게 달랐지만
모두 그 부분을 칭찬했다. 학창 시절 이미 읽었던 책이기에
그 이야기를 들었을 때는 '그런 내용이 써 있었지.'라는 정도의
인상밖에는 없었다. 그러나 다시 한 번 읽어보고 새삼 느낀 것이
있다. 그것은 일본적인 감성에 대한 뛰어난 통찰이기도 하지만
디자이너인 나에게는 오히려 어려웠던 서구화 과정을 거쳐 도달한
일본 디자인의 본보기로 보였기 때문이다. 만약 일본이 근대화를
'서구화'라는 방향이 아니라 일본 고유의 전통문화에 근대 과학을
수태시켜 진화시킬 수 있었다면 아마도 메이지 유신을 거친

일본과는 전혀 다른, 서양 문화에서 한발 떨어진 독특한 디자인
문화가 만들어졌으리라는 발상이다. 눈부신 서양 근대 문화의
빛이 아니라 희미한 그림자 속에서 전개되는 일본적 디자인의
가능성을 해석해서 보여준 것이 『그늘에 대하여』이다. 80여 년
전에 쓴 책인데도 뛰어난 발상은 전혀 녹슬지 않았다. 아마 지금도
다니자키의 가설은 유효할 것이다. 이것을 디자인 책으로 읽는다면,
우리는 일본 전통문화의 전면에 지금까지 경험한 적이 없는
미지의 현대성을 꽃피울 수 있을 것이다.

나는 반反세계화의 관점에서 이 문장을 쓰고 있는 것이
아니다. 또 일본 지역의 장점을 세계에 내세우려 하는 것도 아니다.
이미 활발하게 교류를 시작해 놓고는, 갑작스럽게 이제 와서
세계를 향해 개별 문화의 독자성을 주장하는 것은 난센스이다.
다만 세계의 보편적 가치에 기여할 수 있는 일본의 훌륭한
측면을 자각한다는 데 의미가 있다고 생각한다. 일본에 태어난
디자이너로서 조용히 자신의 발밑을 내려다보는 것에 가치를
부여하고 싶다. 바꿔 말하면 좀 더 일본을 알고 싶은 것일지도
모른다. 세계로 나갈 때마다 오히려 일본에 대한 그리움이 쌓이고
그 문화를 모두 체득하지 못한 자신을 안타깝게 생각한다. 그런
내 생각이 통했는지 요즘 일본 미학을 현 세대에 전하는 훌륭한
장소나 문화 그리고 거기 종사하는 매력적인 사람들과 만날 기회가
잦아졌다. 여기서는 일본을 다시 한 번 바라보려 노력한 결과로
얻을 수 있었던 몇 가지 사례를 소개한다.

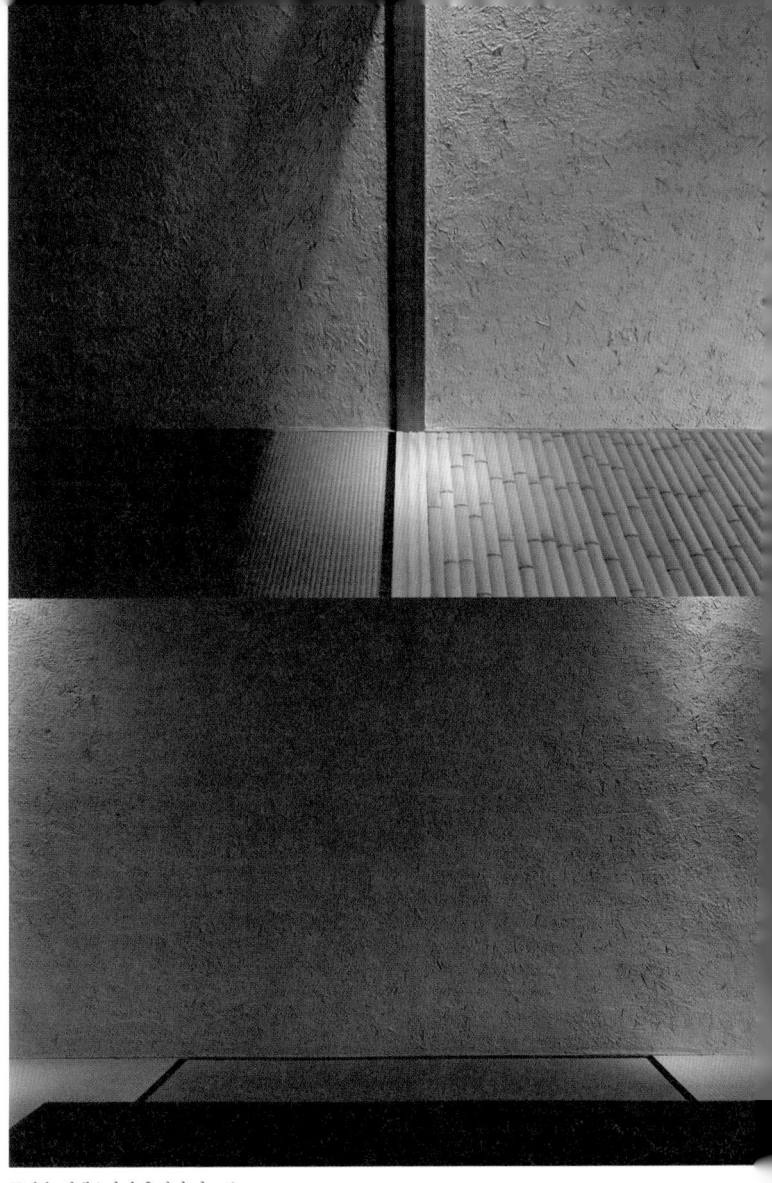

무카유 실내 | 사진 후지이 다모쓰

성숙한 문화의 재창조

앞으로 한동안 일본은 호황을 누리는 중국을 옆에서 바라보고
있어야만 한다. 그것은 마치 옆 마을에 만들어진 거대한 쇼핑몰과
같다. 이 떠들썩함은 역겨울지 모르지만 어떤 의미로는 경제
세계에 엄연하게 나타난 새로운 기준이기도 하다. 과거의 경제
번영을 개개인의 별것 아닌 재산으로 껴안고 그대로 멈춰 서
있는 현재의 일본에는 꽤 강한 자극이다. 그러나 여기에 지나치게
영향을 받아 일본이 자신의 위치를 벗어나서는 안 된다. 아시아의
동쪽 끝이라는 근사한 위치에서 자신의 도리를 분간할 줄 아는
조리 있는 자세를 만들어 나가야만 한다. 마치 명상에 빠져들듯이
조용하고 내향적으로……. 실수로라도 중국과 같은 떠들썩함을
일본에 불러들이려 경솔한 행동을 해서는 안 된다. 4,000년의 문화
자원을 매장한 채 13억의 인간이 경제 폭발을 기다리는 나라에
보조를 맞춰서는 안 된다. 고도성장이란 피곤을 모르는 청춘
시절에 비유할 수 있다. 일본은 이미 그 청춘을 거친 나라이다.
세계적으로도 경제나 문화에서 성숙기에 들어와 있는 나라이다.
그리고 그곳에 사는 사람들은 인간의 행복이 끝을 모르고 치솟는
경제 발전에만 달려 있지 않다는 사실을 충분히 알고 있을 것이다.
따라서 세계를 활성화해온 '이국 문화' '경제' '테크놀로지'라는
요인들과, 스스로가 지닌 문화의 미학과 독자성을 상대하여 성숙한
문화권으로서의 우아함을 만들어가는 것을 이제부터 분명하게

의식할 필요가 있다. 그렇지 않으면 세계 사람들에게 일본은
이제 찾아올 가치도 없는, 자국의 경제나 문화 자원에 어울리는
운용을 알지도 못한 채 그것을 포기해버린 경박한 나라로
기억되고 잊힐지도 모른다.

　　성숙한 문화의 자세를 재창조한다. 일본은 바로 이러한
비전에서 다시 출발할 필요가 있다. 그런 관점에서 우리에게
무엇인가를 시사해주는 예를 찾아보았다. 추상적인 이야기도
거대한 개발에 대한 이야기도 아닌 개인의 힘으로 시도하고 있는
구체적인 사례 몇 가지를 소개하고자 한다.

자연이 주는 것을 기다리는 '가조엔'과 '천공의 숲'

처음 소개할 것은 가고시마 鹿児島 공항 근처에 있는 여관
'가조엔 雅叙苑'의 경영자 다지마 다테오 田島健夫의 새로운 프로젝트
'천공의 숲 天空の森'이다. 가조엔은 일본 전국에 산재한 흔한
온천장과는 분명 다르다. 초가지붕 건물이 늘어서 있고 학이
날아와 뛰노는 그곳에는 '집착'과는 거리가 먼, 사물의 본질을
명확하게 파악한 긴장된 공기가 있다. 지붕 앞 울타리에는
구약나물이 널려 있고 계단 모양의 돌로 된 수조에는 물이 조용히
넘쳐 흐르며 거기 놓인 채소가 시원하게 느껴진다. 노천 온천으로
향하는 길에는 이로리 방바닥을 사각으로 잘라 내고 재를 넣어 그 재 속에 불을

가조엔의 정경

묻어 두는 곳를 만들어 둔 동관 건물이 있고 때마침 소주를 넣은
대나무 통 몇 개가 화로에 꽂혀 있다. 손님들은 그것을 마음껏
마신다. 밥상에는 그날 자른 청색 대나무 젓가락이 놓인다.
고급 재료로 만든 요리는 아니지만 천연물의 힘이 용솟음친다.
말하자면 여기에는 인공적인 작용이 전혀 없다. 자연과 만난다는
것은 '기다림'이며 그 기다림으로 어느새 자연의 풍요가 주변에
충만해진다. 가조엔의 다지마는 그런 자연의 선물을 자신의 공간에
불어넣는 방법을 알고 있다. 바로 이것이 다른 시설과 구분되는
뚜렷한 독자성이다. 그 때문에 가조엔은 인기가 있다. 인기 있지만
손님들로 북적거리지는 않는다. 이러한 풍경과 정서를 사랑하는
손님들로 조용하게 채워져 높은 품격을 풍긴다.

    그런 다지마가 산을 하나 구입했다. 대나무로 뒤덮여 언뜻
보기에는 도대체 어디에 쓸 것인지 상상이 안 되는 32헥타르의
산이다. 다만 입지 면에서는, 정상에서 기리시마霧島 산봉우리가
내다보이는 뛰어난 경관을 자랑하며 외부의 시선에서 격리된
별천지를 확보할 수 있다. 이 산을 다지마는 혼자 힘으로 손질했다.
그가 제일 먼저 시작한 일은 산 전체를 빼곡히 뒤덮은 대나무를
제거하는 것. 이것은 누가 봐도 거의 불가능한 작업이지만 그는 몇
안 되는 직원과 함께 7년에 걸쳐 이 일을 해냈다. 대나무를 제거한
산은 여러 가지 나무들로 뒤덮인 시원스러운 경관으로 바뀌었다.
이제는 어디로 보나 1등급 리조트 대지다. 그러나 이곳에 커다란
숙박 시설을 만들 생각은 전혀 없다. 이 대지에 겨우 다섯 개

천공의 숲

정도의 방을 드문드문 지을 예정이라고 한다. 32헥타르에 겨우 다섯 개. 그 규모는 완전히 상식을 뛰어넘지만 자연 속에서 인간이 행복을 느끼는 이상향을 만들고자 한다면 그것이 정답일지도 모른다. 그것은 여관 경영이 아니라 삼림 경영이다. 인공적인 것을 거절하고 자연의 리듬 속에서 시간이 흐르는 장소를 경영하고 싶은 것이다. 공들여 무엇인가를 가공하는 것이 아니라 자연이 가져다주는 것을 기다린다. 아마도 머지않아 아담과 이브 같은 기분으로 지낼 수 있는 장소가 출현해 세상에 지금까지 존재한 '리조트'라는 개념이 이 삼림 공간으로 조용히 부서질 것이다. 현재 산 정상 부근에는 저 멀리 바라보이는 기리시마 봉우리를 향해서 나무로 만든 넓은 테라스가 완성되었으며 절경을 자랑하는 노천 온천이 시험 삼아 제작되었다.

세계의 눈으로 일본의 좋은 품질을 되살리는 '오부세도'

다음에 소개하는 것은 나가노의 '오부세도小布施堂'이다. 이곳은 에도 시대에 가쓰시카 호쿠사이葛飾北斎의 후원자였던 다카이 고잔高井鴻山이라는 문화인의 흔적이 살아 있는 곳으로 본업인 밤 과자 점포와 공장을 비롯하여 양조장, 레스토랑과 바, 호쿠사이 미술관, 정원 등이 한 지역 안에 산재해 있다. 주인인 이치무라 쓰기오市村次夫를 중심으로 뛰어난 문화를 보는 눈을 가진 인재가

오부세도의 구라부藏部 실내

모여 있다. 미국 펜실베이니아 출신으로 나가노 동계 올림픽을 계기로 오부세도에 들어와 지금은 오부세도의 전체적인 프로듀서로서 활약하고 있는 세라 마리 커밍스Sarah Mari Cummings도 그 가운데 한 사람이다. 그녀는 대지 안에 있는 양조장 '마스이치 이치무라 주조장'을 개조하여 그곳에 술 판매 점포와 일식 레스토랑을 만들었다. 그 설계를 담당한 것은 홍콩에서 활동하는 건축가 존 모포드John Morford. 일본에서는 신주쿠에 있는 파크 하얏트 호텔의 인테리어를 맡은 것으로 유명한 건축가이다. 뛰어난 일본식 공간을 설계할 수 있는 건축가를 찾던 세라의 눈에 들어온 것이 신주쿠의 파크 하얏트였고, 그곳에서 모포드를 알게 되었다. 모포드는 과거 프랭크 로이드 라이트Frank Lloyd Wright의 가르침을 받은 미국인 건축가이다. 아시아 문화에 심취하여 홍콩의 혼잡한 거리에 건축 사무실을 열었다. 오부세도의 양조장 재개발을 담당한 두 사람이 모두 미국인이라는 점은 시사하는 바가 매우 크다. 오늘날 세계의 문맥 속에서 일본 문화에 정당한 가치를 부여하고 있는 것은 어쩌면 일본인이 아닐지도 모른다. 모포드는 레스토랑을 개방형 주방으로 설계했는데 내부가 보이는 주방 한구석에는 커다란 가마솥이 두 개나 얹혀 있는 아궁이가 당당하게 자리 잡고 있다. 일식 전통 유니폼을 입고 조리를 하고 음식을 내는 남자 직원들은 기본적인 행동과 식기 드는 법 등의 서빙에 대하여 세라에게 엄격한 훈련을 받는다. 사용하는 식기나 도자기 등에도 세라의 방침이 깃들어 있다. 예를 들어 직원들은 그릇 하나를 양손으로 들지 않고 한 손으로 한 개씩 들게 되어 있는데 그 크기가 예사롭지 않다. 그리고 그릇에 그려진 난초는 통상보다 밀도를 짙게 하는 등 그녀의 뜻이 그릇 하나하나에도 고스란히 담겨 있다. 레스토랑뿐 아니라 소믈리에 면허까지 있는 세라는 과거 이 양조장에서 주조되었던 '핫킨白金'이라는 술을 복원시켰다. 양조장의 공장장도 세라의 비전을 수용하고 있다. 금발 머리의 세라는 자기가 그렇게 하지 않으면 일본에서는 제대로 돌아가지 않는다는 것을 명확하게 의식하면서 양조장의 공장장이나 마을의 인사들을 움직이고 있다. 이러한 일련의 움직임은 이곳에 커다란 문화적 흡인력을 만들어냈고 매월 한 번씩 열리는 강의에 일본 각지에서 강사를 초빙하여 사람들의 눈과 귀를 모은다.

아무것도 없는 것의 의미를 파고드는 '무카유'

또 다른 온천 여관의 이야기를 하자. 가가加賀에 있는 '베니야 무카유べにや無何有' 여관이다. 원래는 '베니야'라는 이름이었지만 새롭게 '무카유'라는 건물을 더 지었다. 이 명칭은 그 건물의 설계를 맡았던 건축가 다케야마 세이竹山聖의 작품이다. '무카유의 고향'이란 장자가 한 말로 아무것도 없는 것, 무위無爲인 것을 뜻한다. 그러나 그곳에는 자세히 보지 않으면 전혀 쓸모없고 도움이 될 성싶지 않은 것일수록 실제로 풍요로운 것이라는,

우리의 가치관을 완전히 뒤집는 생각을 담고 있다. 그릇은 비어 있어야만 물건을 담을 수 있듯이 미연의 가능성을 염두에 둔다면 텅 빈 밑바탕은 풍요로움 그 자체일 것이다. 잠재된 가능성을 '힘'으로 가정하고 그것을 운용하고자 하는 사상은 그 옛날 중국이나 일본이나 마찬가지다. 다케야마는 이처럼 '아무것도 없다'라는 잠재성을 힘이라고 생각하면서 여관의 별관 건물을 설계하고 그러한 이름을 붙였다. 그리고 여관의 주인인 나카미치中道 부부가 그런 사상과 공간에 피가 통하도록 무카유를 운영해 그곳에 힘이 생겨나 사람들이 모여들고 있다.

　　이 여관의 특징은 잡목 숲처럼 보이는 넓은 정원을 중앙에 배치했다는 점이다. 교토의 사원에서 볼 수 있는 정성 들여 만든 그런 정원이 아니다. 단풍나무, 소나무, 동백나무, 모과나무 등이 자유롭게 번성하고 있다. 적당히 방치된 자연은 때때로 힘찬 천연의 조형으로 가득 찬다. 신록의 계절이 오면 단풍나무 새잎이 마치 홍수처럼 정원 한가득 흘러넘친다. 무카유의 모든 객실 창문은 이 정원을 향하여 활짝 열려 있다. 따라서 나뭇잎의 홍수 사이로 새어 드는 빛이 창에서 실내로 흘러들어간다. 방 역시 다케야마 세이의 작품으로 전통미가 물씬 풍기는데, 방 안은 흘러들어 오는 정원의 경관을 받아들이는 '텅 빈' 공간이다. 정원의 경관 그리고 그곳에서 지내는 사람들의 시간을 듬뿍 담아내는 텅 빈 그릇으로서의 공간이 무카유이다. 주인 부부는 그 '텅 빈' 공간의 질에 신경을 쓴다. 야생초 꽃꽂이는 '텅 빈' 공간이 구석구석

무카유 실내 | 사진 후지이 다모쓰

'정성'들인 '공간'임을 나타낼 뿐 과장된 장식물로 다가드는 일은
없다. 아무것도 없는 것이 가치라는 발상은 간결한 세간에도
깃들어 나뭇잎을 흔드는 바람 소리 이외에는 소리라고 할 만한
것이 전혀 들리지 않는 이 공간을 한층 돋보이게 한다. 또 모든
객실에는 거실 창 가까이 온천탕을 두었다. 탕에는 항상 따뜻한
물이 가득 차 있다. 정원을 한껏 누릴 수 있게끔 만들어진 노송나무
욕조는 창 밖의 나무들을 비추며 한가득 물을 담아 손님을
기다리고 있어 그곳에 몸을 담그면 출렁이는 나무들이 물과 함께
욕조 밖으로 흘러넘친다.

　　또 무카유에는 시끄러운 유흥 시설 대신 느긋하게 책을 읽을
수 있는 도서실이 있다. 도서실도 역시 정원에 접해 있어서 빛이
정원의 풀 냄새를 품고 들어온다. 정원 이외의 방향에서 드는 빛은
모두 쇼지障子, 일본식 칸막이로 걸러져 부드럽게 실내로 전해진다.
그런 공간이기 때문에 나는 이 여관을 이용할 때는 종일 방 밖으로
나가지 않는다. 아무것도 아닌 시간과 공간의 질을 즐기고 싶기
때문이다. 그런 일이 가능한 여관이 그리 흔치는 않으므로……

풍정은 흡인력을 만들어내는 자원이다

지금까지 소개한 모든 사례는 저절로 사람들의 발걸음을 향하게 하는 특별한 매력을 발산하지만 이 가운데 천공의 숲은 성황을 꾀하기는커녕 오히려 '어떻게 조용함을 확보할 수 있는가?'라는 점에 발상이 집약되어 있다. 정숙과 무인無人이 확보되고 전망이 뛰어난 별천지에 방들이 거리를 두고 점재한다. 이것은 최고의 사치이지만 그런 것을 찾아내는 눈은 전 세계에 존재하고 있어서 가령 가고시마의 깊은 산속이라고 해도 반드시 발견된다. 그것은 세계에 잠재하는 수요에 답하는 것이며 정숙이라는 문화가 세계를 흡인하는 하나의 전형이 될지 모른다.

오부세도는 세계 문화의 맥락 속에서 일본의 장점을 제대로 파악한 다음 그것을 당당하게 현대화하여 운용하고자 하는 아이디어이다. 또 그런 비전을 가진 외국인에게 오부세도라는 역사적인 장소를 맡긴 주인의 혜안과 영단이 있다. 아마 가까운 중국이 번잡해질수록 이러한 것은 더욱 빛을 발하게 될 것이다.

무카유는 텅 빈 그릇의 힘을 잘 이해하여 운용하고 있다. 아무것도 없다는 것이 가치라고 해도 그것을 힘으로 작용시키기란 그리 쉬운 일이 아니다. 이곳은 그런 사실을 잘 알고 있다. 여관 무카유는 조금씩 개선을 거듭하여 이상으로 하는 '무無'에 가까워져 있는데, 착실하고 끊임없는 노력이 그러한 힘을 만들어내는지도 모르겠다.

무카유 실내 | 사진 후지이 다모쓰

미래의 비전을 마련하는 자리에 서 있는 사람이라면 '흥행'을
계획한다는 발상은 이제 그만 버리는 편이 좋다. '마을 부흥' 같은
단어가 한때 유행했던 적이 있지만 그렇게 해서 '부흥된' 마을은
무참하다. 마을은 부흥시키려고 해서 그렇게 되는 것이 아니다.
그 매력은 오로지 풍경과 정감에 달려 있다. 일으키는 것이 아니라
오히려 고요와 성숙에 진심으로 어울려 그것이 성취된 뒤에도
'홍보' 등에 연연하지 않고 깊은 숲이나 더운 김 저편에 몰래 숨겨
놓으면 된다. 뛰어난 것은 반드시 발견된다. 풍경이나 정감이란
그러한 힘이고 그것이 커뮤니케이션의 커다란 자원이 될 것이다.

나는 디자이너로서 오부세도와 무카유에 조금이나마 도움을
줄 수 있었다. 친구에게 소개받아 찾아간 그곳에서 그들이 일에
임하는 모습을 보고 감동해 그들의 감수성을 조금이나마 나눠
받고 싶은 마음에 참여했던 것이다. 오부세도에서는 마스이치
이치무라桝一市村 양조장의 간판과 포렴, 그리고 핫킨이라는 술의
병과 라벨을 디자인하였다. 핫킨의 병은 스테인리스로 만들어져서
거울처럼 보인다. 스스로의 존재감을 지움으로써 그 안에
온 세상을 담아내는 '거울'의 개념을 그릇에 반영한 디자인이다.
무카유는 로고타입을 디자인하고 사진가 후지이 다모쓰에게
이 여관의 촬영을 부탁했다. 여관을 안내하는 종류의 사진이
아니다. 이곳에서 시간을 보낸 사람들이 그 여운을 반추하게
만드는 사진들이다. 그것을 담아 책자로 만들었다.

마스이치 이치무라 양조장의 청주 핫킨 | 사진 세키구치 다카시

후지이 다모쓰도 이곳이 마음에 들었는지 가끔 찾아와 온천욕을 즐기며 사진을 찍는다고 한다. 이것은 여관의 매력이 가져다준 부산물이며 그 결과 가득 쌓인 사진을 엽서로 만들거나 커피 패키지로 만드는 일이 내가 몰래 하고 있는 역할이다.

천공의 숲과 가조엔은 그저 열심히 폐만 끼쳤을 뿐 아무런 도움을 주지 못했다. 도움을 줄 만한 여지도 이유도 없었다. 우연히 찾아간 가조엔의 작은 술집 선반에서 꽤 옛날에 디자인한 브랜디 병을 발견하고는 함께 있던 건축가 구마 겐고에게 자랑만 늘어놓았다. 이런 장소에 내가 디자인한 술병이 진열될 수도 있다는 행복감을 맛보면서…….

제7장 열릴 수도 있었던 박람회

초기의 구상과 '자연의 예지'

일본과 관련해서 박람회에 대한 이야기를 해 두고 싶다.
나는 2005년에 열리는 국제 박람회의 개최국을 결정짓는
프레젠테이션에 아트 디렉터로서 참가하게 되었다. 1996년부터
1997년의 일이다. 개최 계획을 정리한 자료는 꽤 두꺼운 서류
뭉치가 되었고 이 내용을 알기 쉽게 프레젠테이션하기 위하여
프로젝트 팀이 만들어졌다. 주제 구상 위원으로서 철학자
나카자와 신이치中沢新一가 그 이념을 문장으로 만들고 건축가
단 노리히코檀紀彦, 구마 겐고, 다케야마 세이가 박람회 공간 구상을,
그리고 나는 구상 내용의 비주얼 부분을 맡아 진한 녹색 일본 전통
종이로 표지를 씌운 책자를 제작하였다. 영상 자료는 광고 대행사
덴츠의 스기야마 고타로杉山浩太郎가 담당했으며, 프레젠테이션의
총괄 프로듀서는 잔마 리에코殘間里江子였다. 프레젠테이션은
1997년 6월에 모나코에서 개최되어 BIE 국제 박람회 협회에 가입되어
있는 나라들의 투표 결과 캐나다 캘거리와 경합한 아이치愛知현에
국제 박람회의 개최권이 돌아갔다. 이때 진행했던 프레젠테이션의
내용과 그 이후로 계획된 프로젝트의 잔상이 지금까지도 나의
뇌리에 선명하게 각인되어 있다.

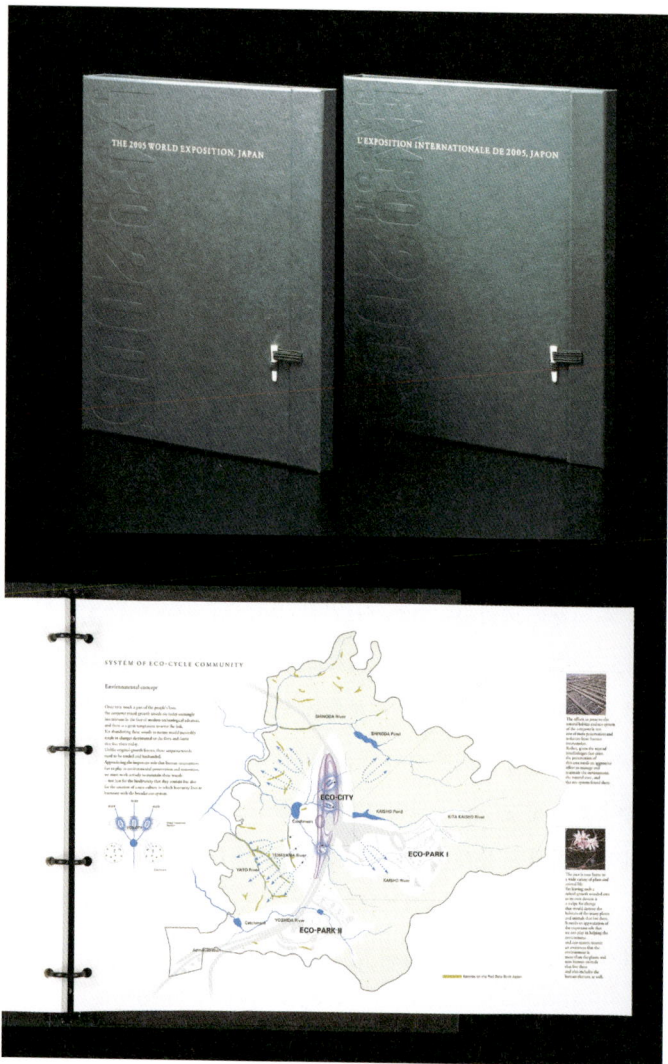

BIE에 대한 일본의 제안서

2003년 현재 준비가 한창인 아이치 박람회는 초기의 구상과는
전혀 다르게 진행되고 있다. 왜 그렇게 되었는지 여기서 그 시비를
가릴 생각은 없지만 일본인이라면 아이치 박람회의 초기에 어떤
구상이 있었는지 알아두는 것이 좋으리라고 생각한다. 왜냐하면
현재의 일본이 어떤 가능성을 가진 나라인가를 생각하는 단서가
되기 때문이다.

　　일본이 제출한 박람회 주제는 '자연의 예지叡智'였다.
이제부터 다루는 이야기는, 주제의 구상에 관여한 사람들과의
커뮤니케이션을 통해서 나 나름대로 이해한 내용이다. 주제의
의도는 대략 다음과 같다.

　　예부터 일본인은 '예지는 자연 쪽에 있고 인간은 그것을
헤아리면서 살고 있다.'라고 생각해왔다. 이런 태도는 인간을 신의
시점에 가까운 곳에 놓고 예지를 인간의 것으로 간주하며 난폭한
야성으로서의 자연을 인간의 지성으로 제어하고자 했던 서양적인
사상 풍토와는 다른 발상이다. 중심에 인간을 두고 세계와 마주
대한다는 서양적 발상은 살아가는 주체의 의지와 책임을 강조하는
태도이며 나름대로 설득력이 있다. 실제로 근대 문명은 인간의
주체적인 발상을 통해 구축되었다고 해도 좋을 것이다. 그러나
현대 문명은 자연을 제어하기는커녕 그것을 끊임없이 파괴하면서
자연과 함께 살고 있는 자신들의 생명마저 위협하고 있다. 또한
인간 지성의 상징인 과학은 그 첨단에 서 있다고 할 정도로
자연이나 생명의 신비에 대해 놀라울 만큼 가깝게 다가서 있다.

인지人智가 미치지 못하는 예지와의 조우가 계속될 때마다 인간
역시 자연의 일부라는 생각에 저절로 머리가 숙여진다.
다시 말해 일본인이 예로부터 품어 왔던 자연관과 첨단의
과학적 감성이 그만큼 가까워진 것이 아닐까.

　　　박람회의 주제는 그런 점에 주목하고 있다. 보다 정확하게
그 이념을 전하기 위해, 박람회의 주제 구상을 담당했던 나카자와
신이치가 쓴 '새로운 지구 창조: 자연의 예지'라는 대목을
인용하기로 한다.

"자연은 인간에게 가진 것을 아낌없이 전해주었다. 만들어내는
힘을 가진 자연은 인간에게 예지를 주어 기술의 힘을 사용하여
자연으로부터 에너지와 자원을 이끌어내는 것을 허락해왔다.
그러나 인간은 그 은혜에 보답하지 않았다. 인간에 대한 자연의
사랑은 점차 식어가고 있다. 21세기를 사는 우리 인간은 자연과
생명과의 교감으로 넘쳐나는 예지의 움직임으로 되돌아가야만
한다. 기술은 장난삼아 자연을 제압하고 되돌릴 수 없게
개조改造하라고 인간에게 주어진 능력이 아니다. 자연 속에
숨겨진 자연의 본질을 드러내어 찬란한 빛을 내기 위한 것이다.
생명을 억압하거나 관리하는 것이 아니라, 생명 속에 숨겨져
있는 무한의 정보를 이끌어 세상에 풍요로운 의미를 가져다주는
통로를 만드는 것, 그런 일까지 할 수 있는 것이 기술이다. 우리는
자연과 생명이 건네는 말에 귀를 기울여 서로의 공감 속에서

새로운 인터페이스를 만들어내야 한다. 기술이 이끌어 가는 문명에 다시금 잃어버린 예지를 쏟아부어 우리의 마음에 신중함과 겸허함을 되찾고 깨질 것만 같은 인간과 자연, 인간과 인간의 관계에 풍요로운 회복을 가져오는 것이 우리가 할 일이다. 그 시도가 일본의 작은 숲에서 일어나려고 한다. 그곳에는 21세기와 인간에게 필요한 모든 것이 있다. 이 숲에서 행해지는 실험은 인류 공통의 과제에 매력적인 회답을 가져다줄 것이다. 지구상의 인간이 현재 손에 넣은 기술과 예술과 정신문화의 모든 가능성을 결집하여 이 숲에, 자연과 생명을 위해 이끌어낼 수 있는 모든 예지를 쏟아 다음 시대 지구 문화의 어린 병아리 형태로 창조해보자. 우리는 이와 같이 제안한다."

에콜로지에 대한 일본의 잠재력

이런 시대에 아무런 준비도 없이 지구와 자연 환경을 주제로 삼는 것만큼 기만에 넘친 행동은 없으리라. 에너지와 자원의 효율적인 운용, 순환형 사회에 필요한 테크놀로지 등에 대해 현실적인 척도로 이것들을 조정하고 제반 문제에 대답할 수 있는 준비가 되어 있지 않다면 그 주장은 허황된 것이기 때문이다. 그러나 아이치 박람회는 당당하게 이 주제를 수용하려 했다. 그 배경에는 사상뿐 아니라 테크놀로지의 뒷받침이 있었다. 일본은 환경 파괴라는 잘못을 저질렀지만 그 아픔을 거쳐 반대로 자연을 되살리는 기술을 연마해왔다. 환경 테크놀로지에 관해서라면 세계의 절박한 상황에 구체적으로 기여할 수 있는 실력을 갖추었다.

통산성 담당관은 BIE에 대한 프레젠테이션 자료를 시각적으로 표현하는 데 열성적인 지지를 보이며 한밤중에 사무실로 찾아와서 일본의 에너지나 환경 대응에 관한 제반 상황을 자세히 설명해주고 갔다. 덕분에 관련 정보에 대해 이해를 높일 수 있었다. 과거의 심각했던 공해 문제를 극복한 일본은 오늘날 환경에 부하가 걸리지 않도록 다양한 환경 기술을 발전시키고 있다. 1997년 당시 폐기물을 안전하게 태워서 발전하는 고성능 터빈을 완성해 놓았는데 그 잠재적인 능력은 규슈의 전력 회사 한 곳의 전력을 공급할 수 있을 정도다. 도요타나 혼다의 하이브리드카 등 에너지 절약형 자동차 개발이나 배기가스 관리에 대한 노력도 다른 나라보다 확실하게 한발 앞서고 있다. 박람회장으로 예정된 숲 속에 계획되었던 미래형 에코 커뮤니티에서는 태양광 발전, 연료 전지, 바이오 가스를 배출하는 메탄 발효, 전력 저장, 고효율 히트 펌프 등의 기술을 사용하여 에너지를 효율적으로 제어하는 시스템이 설치될 예정이었다. 그 결과로 소비 에너지를 통상적인 도시의 50퍼센트로 줄이고 석유 등 화석 연료 소비도 50퍼센트 감소시킴으로써 이산화탄소 배출을 25퍼센트로 억제한다는 지극히 현실적인 친환경 데몬스트레이션이 이루어질 계획이었다. 이미 일본은 발전뿐만 아니라 중수 처리 시설을 이용하여 한 번 사용한 물을 한 번 더 사용한다는 물의 순환 이용과 음식물 쓰레기를 발생원에 가까운 곳에서 처리하여 바로 비료로 바꿔 나간다는 퇴비의 분산 배치를 실시하는 등 소위 에너지와 자원의 순환형 모델을 제공할 수 있는 아이디어와 기술을 손에 넣었다. 지구 규모의 자연 환경을 더 이상 악화시키지 않으려면 중국과 같이 향후 개발될 것이 분명한 지역에서 도시 제반 시설infrastructure을 깨끗이 해야 한다. 바로 그런 측면에서 일본은 리더십을 발휘할 수 있는 실력을 갖고 있다. 지구 온난화를 더 이상 진행시키지 않기 위해 최소한의 이산화탄소 배출 수치에 합의했다던 교토 의정서조차 지키지 못하는 세계 정세에서 일본이 확실하게 이치에 닿는 발언을 할 기회였던 것이다.

그 숲속에는 무엇이 있었는가

이 계획의 중요한 점은 박람회가 숲속에서 개최된다는 것이었다. 테크놀로지는 진화할수록 자연에 접근해간다. 이것이 주제를 횡단하는 사고방식이며 테크놀로지를 자연과 대립하는 곳에 두지 않고 공존시킨다는 발상에 큰 의미가 있었다. 숲속에서 이를 실현하는 것이 '자연의 예지'라는 주제를 상징적으로 실천하는 것이다. 자연과 테크놀로지는 서로 그림의 떡을 넘어서 실제로 융합할 수 있을까. 그 해답을 숲속에서 발견하려 했다.

박람회장의 후보지는 예로부터 도자기로 유명한 세토瀨戶시의
숲. 요업이 성행했던 세토 마을에 인접한 이 일대는 도자기용
흙을 채취하고 연료를 조달하는 땔감 숲으로 이용되었다. 따라서
몇 번이고 헐벗은 숲은 그때마다 다시 인공적인 조림으로
소생되어 왔다. 현재는 인공림과 자연림이 뒤섞인 숲이 되어
풍요로운 생물군을 보여주는데 이것은 국토의 90퍼센트가 산림인
일본에서는 흔한 풍경으로 자연과 인간 마을의 경계 영역에 있는
'사토야마里山'의 모습이기도 하다.

자연보호는 자칫 '전혀 손대지 않은 자연'을 신성시하기
쉽지만 기본적으로 인간도 자연의 일부분이며 인간과 교류하는
숲 역시 풍요로운 자연이다. 오히려 땔감 숲으로의 이용이
줄어들어 인위적인 관리가 이루어지지 못한 채 방치된 산림 쪽이
훨씬 황폐해진다는 지적도 있다. 잡초를 제거하고 간벌을 통하여
숲이 건강하게 자라도록 도와주는 것이 산림 관리이다. 인위와
자연이 적당하게 작용하는 '사토야마'에는 본래의 생태계보다
풍요로운 생물의 다양성이 관찰된다고 한다. 박람회에서 구상된
순환형 도시 모델은 이 '사토야마'의 이미지가 바탕에 깔려 있다.
그곳에 인위와 자연의 상호 작용으로 이루어지는 에코 커뮤니티를
실현하고자 했던 것이다.

한편으로 이 박람회의 제안 속에는 박람회 자체의 규칙을
쇄신하고자 하는 의도도 있었다. 즉 평지를 닦아서 대대적으로
박람회 장소를 조성하고 그곳을 구획하는 파빌리온을

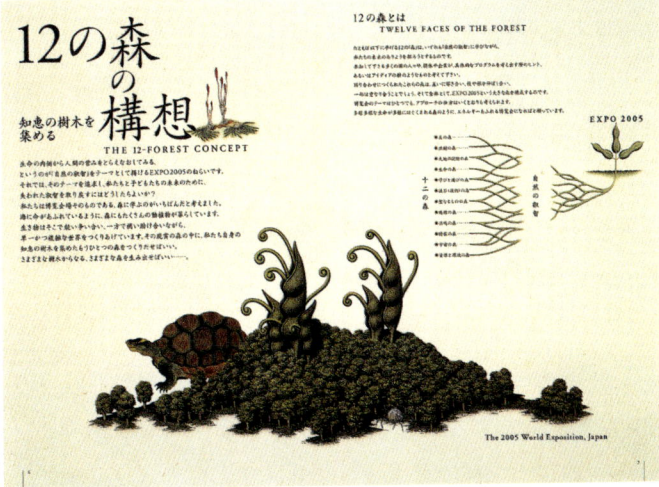

EXPO 2005 팸플릿

늘어놓는다는 '게임의 규칙'을 바꿔 보자는 의도가 숨어 있었다. 1851년 처음 개최된 런던 박람회는 전 세계의 문물을 모아 말 그대로 '박람博覽'하는 것에 그 의미를 두었다. 따라서 철과 유리로 만든 거대 공간 '수정궁'에는 세계에서 모여든 엄청난 문물을 전시하는 공간을 제공한다는 의의가 있었다. 런던 박람회 이후 실로 다양한 장소에서 화려하게 박람회가 개최되었다. 그러나 인간의 교통이나 물건의 유통이 활발해짐에 따라 박람회는 애초의 의의와 역할을 차츰 잃어버리기 시작했다. 그래도 1970년의 오사카 박람회쯤까지는 본래의 역할에 충실했다. 오사카 박람회는 한창 성숙하고 있던 과학 기술을 대중 사회에 보급하는 역할을 제대로 수행했다. 그러나 교통과 운송 수단, 정보 전달 미디어가 오늘날처럼 발달하면 박람회의 기본인 박람, 관람이라는 의의는 희미해지고 만다. 무엇인가 보고 싶으면 인터넷으로 검색만 하면 되고 그것을 직접 접하고 싶으면 자신의 몸을 움직이면 된다. 유럽이라면 12시간 안에 갈 수 있다. 또 건축 자체가 한시적인 가설성假設性을 띠기 시작하며 실험적인 성격의 건축이 계속해서 세워지는 이 시대에 건축물로서의 파빌리온이 갖는 매력은 희미할 뿐이다. 더욱이 단기간에 끝나고 마는 행사에 돈을 들이는 자체가 낭비다. 이것은 곧 자원의 낭비도 된다.

만약 박람회에서 현재에 맞는 의의를 찾는다면, 가까운 미래의 가장 중요한 주제를 제시하여 차세대의 기술과 사상의 씨앗을 키우는 것에 있다. 그리고 일부러 몸을 움직여 찾아가지 않으면 절대 체험할 수 없는 정보를 그곳에 만드는 것이다.

에코 커뮤니티의 구상은 테크놀로지의 새로운 실험이었다. 그것은 대규모 단지 조성으로 자연을 파괴하는 실험이 아니라 얼마나 부드럽게 얼마나 섬세하게 테크놀로지를 더 자연에 가깝게 근접시킬 수 있는가 하는 실험이었다. 숲속에서 이루어지기 때문에 고밀도의 도시 기능은 일부에 집중시키고 전체적으로 극히 간소한 저부하 시설을 지형에 맞게 설치하자는 계획이 세워졌다. '숲의 박람회'라는 구상에는 파빌리온의 난립을 억제하는 구조가 도입되어 있었다.

또 직접 체험하는 내용에 대해서도 몇 가지 획기적인 아이디어가 검토되었다. 예를 들어 전시장의 '숲' 그 자체를 '살아 있는 전시 자료'로 간주하는 방법이 있었다. 숲에 개미집이 있다면 최첨단 카메라나 영상 기술을 통해 방문객은 그 섬세한 공간을 멋진 리얼리티로 체험할 수 있다. 마치 진짜 '개미'가 된 것 같은 현실감으로 '개미집'을 배회할 수 있다. 숲속에 나 있는 풀뿌리를 통해서 식물 세포로 들어가는 일까지 가능할지도 모른다. 당시의 기획 담당자들은 '새의 눈, 곤충의 눈이 되어 숲을 체험한다.'라는 말을 자주 입에 올렸는데, 첨단 기술을 사용하면 미생물이나 유전자 수준으로 '숲'의 정교함을 탐방할 수 있을 것이다. 말하자면 '숲 밖'에서 대량으로 전시물을 옮겨 오는 것이 아니라 '그곳의 자연 그대로'를 무한의 전시 자원으로 만드는 것이다.

예지는 자연 속에 있다. 생명의 안쪽에서 그 행위를 다시 되돌아보자는 것이 이 계획의 시작이었다. 파빌리온이나 거대 영상 등 '지난 시대의 유물'은 존재하지 않아도 되었으리라. 하이테크의 안경을 걸치는 것만으로 숲은 수정궁이 될 수 있었을 것이다. 또한 테크놀로지는 자연 반대편에 있는 개념이 아니라 자연의 정교함에 이어지는 위치로 새롭게 자리매김할 수 있었던 것이다.

과거와 미래를 잇는 디자인의 풍경

1998년 디자인 전문 위원으로 위촉받은 나는 팸플릿과 달력, 그리고 포스터 등의 미디어를 통해서 이 계획의 프로모션 디자인을 시작했다. 박람회는 미래를 향한 이벤트이지만 여기서 제시되는 미래는 마치 레이저 디스크처럼 무지개색으로 빛나는 반짝반짝한 것들이 아니다. 진화할수록 자연과 구분이 되지 않을 듯한, 자연과 깊게 융합해나가는 세련된 하이테크놀로지의 이미지이다. 이것을 표현하는 모티브로서 내가 선택한 것은, 300년 전 에도 시대에 그려진『본초도설 本草圖說』이라는 그림이었다.

『본초도설』이란 무엇인가? 전문가에 따르면 '본초학 本草學'은 약학으로 고대 중국에서 전해졌는데 에도 시대에 이르러 동물이나 식물 등 자연 과학이 다루는 모든 분야에 걸친 연구로 발전했다고 한다. 당시 에도 막부의 장려도 있었고 또 태평 시대라는 점도 일조해서 일종의 자연 과학 붐이 있었던 것 같다. 동식물이나 수생 생물, 광물 등을 상세하게 그려낸, 말하자면 '원색 백과사전'과 같은 것이 다수 제작되었다. 『본초도설』도 그중 하나이다. 저자는 다카기 슌잔高木春山. 재래식 장정으로 만들어진 총 99권의 책, 모두 손으로 직접 그렸기 때문에 원본 딱 한 권뿐이다. 본초서 수집가인 이와세 야타로岩瀬弥太郎의 소장품이었으나 후에 아이치현 니시오西尾시에 기증되었다. 이 서적의 존재를 얼핏 알고는 있었지만 니시오 시의 도서관에서 직접 접하고는 감동하고 말았다. 인간이 자연의 조형에 경의를 표하며 열심히 옮기려 했던 그 숨결이 생생하게 전해져 오는 듯하다. 지금이라면 사진으로 찍으면 될 것을 당시에는 손으로 그릴 수밖에 없었다. 오로지 눈과 손을 단련하여 자연을 극명하게 그려 내고자 했다. 거기에는 자연의 창조성을 숭배하는 진지한 시선이 있다. 그 시선은 근대 서양이 목표로 한 인간 중심의 과학이 아니라 동물도 식물도 인간도 모두 똑같은 지평 위에 서 있는 것으로 생각하고 각각 신의 손길이 깃든 대상으로 경외하는 일본 고유의 자연관을 전해준다. 메이지유신 이전의 일본인의 눈인 것이다.

이것이야말로 이번 박람회의 정신을 전하는 데 적합한 이미지라고 직감했다. '미래를 지향하는 이벤트에 낡은 이미지를 사용해서 과연 성공할까?'라고 의심스러운 눈으로 바라보는 사람도 있을지 모르지만 절대 그렇지 않다. 낡은 것 속에 숨어 있지만 오늘날에 더욱 중요해진 가치관을 뽑아내 미래를 전하는 메시지로서 사용하는 것은 신선하다. 이것을 이용하여 태고로부터

EXPO 2005 AICHI 홍보용 달력

미래를 관통해나가는 장대한 풍경을 표현할 수 있다.

　이 그림을 사용하여 먼저 달력을, 그리고 포스터와 팸플릿을 디자인하였다. 에도 시대를 살던 스승과의 공동 작업이었다.

친근한 자연과 생명으로 만든 캐릭터

박람회 프로모션 계획에 획기적인 아이디어가 하나 더 있었다. 그것은 이 박람회의 마크를 디자인한 오누키 다쿠야大貫卓也가 그린 구상이다. 오누키 역시 디자인 전문 위원으로 마크의 지명 공모에 참가해 경쟁을 뚫고 올라와 심벌마크의 디자이너로서 그 활약이 기대되었다. 오누키 다쿠야가 만든 마크는 굵은 녹색 점선으로 그려진 원으로, 언뜻 보면 어디서나 볼 수 있는 모양처럼 보이지만 매우 잘 만들어진 것이다. 이것은 '어텐션attention', 즉 주의를 환기시키는 형태이다. 좀 더 큰 의미로 말한다면 인류를 향하여 주의를 환기시키는 마크이다. 이것을 숲의 사진에 흩어 놓으면 숲의 다양한 것들에 주의를 기울였으면 좋겠다고 호소하는 듯한 이미지가 나타나며, 우주 공간에 떠 있는 지구 둘레에 이 마크를 겹치면 지구 환경에 대해 경고를 보내는 듯한 표현이 된다. 또 컴퓨터 등의 화면상을 돌아다니는 커서에 사용해도 좋은 작용을 할 듯 보인다. 내가 포스터나 달력에 이어 커뮤니케이션 방법을 생각할 무렵 오누키 다쿠야는 박람회의 종합적인 광고 프로모션을 구상하고 있었다. 가끔 마주치면 그 계획에 열을 올리곤 했다.

마크가 결정되어 최초의 포스터가 만들어진 뒤 디자인 전문 위원회의 다음 과제는 '마스코트 캐릭터'였다. 오누키 다쿠야도 흔한 봉제 인형 같은 것이 아닌 다른 종류의 획기적인 마스코트를 찾고 있었다. 마스코트 캐릭터는 커뮤니케이션의 자원으로 사용할 수 있을 뿐만 아니라 상품 캐릭터로 전개하면 상당한 수익까지 얻을 수 있다. 운영자로서는 당연히 그런 것을 원한다. 그러나 그런 부분에 획기적인 아이디어를 도입한다면 그것이야말로 전혀 다른 박람회의 메시지가 된다.

오누키 다쿠야는 다음과 같은 구상을 선보였다. 우리 가까이 있는 사슴벌레나 풍뎅이, 잠자리 유충이나 개미귀신, 왜젓가락나물이나 큰개불알풀 등 일본의 산과 강 어디에서나 흔히 찾아볼 수 있는 모든 생물과 식물을 박람회의 캐릭터로 한다는 발상이다. 아이들은 지금도 곤충을 비롯한 동식물을 매우 좋아한다. 오누키는 이 '매우 좋아한다'라는 본능적인 감각이 그들의 흥미를 박람회의 주제인 '자연의 예지'로 강력하게 끌어들일 수 있는 바탕이 된다고 생각했다.

이것은 숲속에서 '자연의 예지'를 찾아 나간다는 구상과도 일치하는 아이디어이다. 외국 방송 중에 '디스커버리 채널'이라는 것이 있는데 그중에는 자신도 모르게 화면에 푹 빠져들게 하는 장면들이 있다. 자연의 움직임을 하이테크 기술을 이용하여 교묘하게 영상화하다 보면 가끔 멋진 장면을 만들어낸다.

EXPO 2005 AICHI 공식 포스터

EXPO 2005 AICHI 심벌마크 | 디자인 오누키 다쿠야

또 컴퓨터 그래픽을 사용하면 벌레의 생태 등 정말로 생생한 영상이 만들어진다.

풍뎅이의 일생을 그린 컴퓨터 그래픽, 틀림없이 아이들은 그 이야기 속에 정신없이 빠져들 것이다. 흔한 생물일수록 친근한 공감을 불러일으키므로 오누키 다쿠야는 아이들 사이에서 그런 생물들이 스타 캐릭터가 되고 그들의 정보를 마치 포켓몬 카드를 모으는 것처럼 혈안이 되어 수집하는 상황을 상상하고 있었다. 아이들에게는 그들 나름대로 생물에 대한 흥미와 그것을 즐기는 방법이 있으니 생물을 관찰하면서 그 흥미가 자연스럽게 '자연의 예지'쪽으로 향하는 내용의 광고 프로모션을 전개한다. 환상적인 봉제 인형 캐릭터 따위는 필요 없다. 우리가 목표한 방향대로 자연 관찰 붐이 일어나 준다면 텔레비전 프로그램 편성에도 자연의 예지와 관련된 내용이 증가하여 박람회에 대한 관심이 높아질 것이다. 서점에는 도감류가 유행하고 박람회의 상징인 녹색 띠가 둘러진 추천 도서 코너가 만들어져 주목을 받고 있었으리라. 주의를 환기시키는 이 마크는 분명히 그런 활약을 했을 것이다.

스스로 증식하는 미디어

내가 박람회 작업으로 마지막에 한 일은 커뮤니케이션 상품으로 제작한 '포장 테이프'였다. 프로모션에는 흔히 '선전용 상품'

같은 것이 많은 도움이 된다지만 미래나 지구 환경을 염려하는
이벤트에서 볼펜이나 커피 잔에 마크를 새겨 사람들에게
나누어 주다니……. 나는 부끄러운 생각이 들었다. 어차피 제작할
상품이라면 해마다 계획적으로 디자인하여 독자적인 커뮤니케이션
상품 시리즈로 만들어 확실한 주장을 담는 것이 어떠냐고
제안했다. 이 책에서도 설명한 바 있지만 나는 마침 리디자인
전시회 프로젝트를 진행 중이었고, 거기에서 나온 반 시게루의
'종이 심이 사각형 단면으로 되어 있어 휴지를 잡아당기면
덜컥덜컥하는 저항음이 발생하여 자원 절약을 부르짖는 듯한
화장지'등은 이 주제에 정말로 잘 어울린다고 생각했다.

　　포장 테이프는 그러한 계획의 제1호였다. 일본의 친근한
자연을 모티브로 '남생이' '붉은 붕어' '풀'을 포장 테이프 표면에
컬러 인쇄한 것이다. 오해가 있을 수 있어 조금 더 설명을 하자면,
이것은 멋진 모양이 인쇄된 '디자인 잡화'가 아니다. 포장 테이프를
'미디어'로 바라본 발상이다. 통상의 상품은 배포되었을 때만
기념품으로서 기능할 뿐이다. 그러나 이 포장 테이프는 실제
사용되는 시점에서 더욱 박람회의 메시지를 증식시킨다는 데
그 의미가 있다. 포장 상자에 짐을 가득 담아 이 테이프로 봉합하면
그 포장 상자는 박람회의 메시지로 변용된다. 이것이 유통 경로를
따라 각지로 흩어지면 다양한 사람들이 그것을 보게 될 것이다.
현재는 인터넷 시대이지만 디지털 정보만 지구를 날아다니는
것이 아니라 물질인 화물 역시 컴퓨터의 관리 아래 엄청난 수량이

홍보용 포장 테이프

유통되고 있다. 그 화물을 박람회의 메시지로 활용하자는 발상이
'포장 테이프'이다. 테이프 하나로 서류용 봉투를 200통이나
봉할 수 있다. 즉 하나의 상품이 200배의 효과를 만들어낸다.
다 쓰고 나면 형태도 남지 않는다. 모든 것은 메시지로 변한다.

　　재능 있는 일본의 작가들에게 호소하여 그러한 커뮤니케이션
상품들을 계속 탄생시킬 예정이었다. 진행이 순조로웠다면
박람회 개최를 즈음해 가게를 하나 열 수 있었을지도 모르겠다.

끝나지 않은 프로젝트

유감스럽게도 박람회를 숲에서 개최하는 것은 불가능해졌다.
'자연 파괴'를 부르는 박람회에 '숲'을 사용하게 해서는 안 된다는
여론이 들끓었다. 박람회장의 후보지였던 '해상의 숲'은 누구의
손도 거치지 않은 신비의 숲인 것처럼 선전되었고, 모 유명
캐스터는 뉴스 프로그램에서 다음과 같이 떠들어댔는데, 나는
아직도 그 말을 선명하게 기억한다.

　　"이 해상의 숲이 있기 때문에 이 장소가 멋진 것입니다.
과연 이곳이 박람회장이 되어도 좋을까요?"

　　참매의 서식지라는 이유로 박람회장으로서의 이용을
불가능하게 하자는 움직임도 활발해졌다. 참매 논란은, 작은
명분에 사로잡혀 대의를 보지 못하는 것과 같다. 논의에 어긋나는

규칙을 내놓고는 더 말할 필요 없다는 식으로 결론을 내리려고 한다. 생명이나 자연은 분명 귀중하지만 자연을 '절대 손댈 수 없는 대상'으로 간주해서는 안 된다. 그 이유는 냉정한 논의와 상호 이해와 배려가 너무나 부족했기 때문이다. 숲의 환경 파괴 자체에 대해서라면 환경 파괴를 최소화하는 방식으로 검토되고 있었던 박람회의 문제가 아니라 이미 계획된 숲을 횡단하는 시설인 '넓은 고속도로' 건설이나, 아이치 현이 박람회장의 빈터에 계획하고 있던 신주택 도시 계획 쪽이 오히려 결정적인 빌미를 준다.

고속도로는 땅속 깊숙한 곳까지 파내려가 교각을 건설하기 때문에 토지의 지하 수계를 확실하게 분리시킨다. 그것은 작은 동물들을 두 지역으로 서로 차단할 것이고, 분명 숲의 자연환경도 변해갈 것이다. 또 아이치 현은 박람회장 후보지의 인프라 정비를 국가 예산으로 조달하려고 계획하고 있었다. 그러나 그렇게 되면 이벤트가 종료한 시점에서 그곳에 수천 명 규모의 주택 도시가 정비되어야 한다는 법률이 발동한다. 박람회 추진파 일부에서는 그러한 모순을 분명하게 지적했다. 그러나 그런 근본적인 문제가 화제가 되기는커녕 '숲'에서 '박람회'를 개최하는 것은 말도 안 된다는 식으로 '자연'과 '인위'를 대립시킨 논의에 농락당한 채 물거품처럼 사라지고 있었다.

현재 박람회는 숲을 벗어난 장소에서 준비되고 있다. 대규모 단지 조성이 가능한 박람회장에서 '거대 영상' '관람차' 등을 계획하여 준비가 진행된다. 최초 계획에 관여했던 사람들은 현재 계획에는 거의 관여하고 있지 않다. 이들의 문제는 여기서 간단하게 해결될 것이 아니다. 이 문제의 배경에는 박람회를 '공공사업'으로 여기고 그 경제 효과를 가장 큰 의의로 생각하는 발상이 강하게 자리 잡고 있다. 환경에 주는 충격이 약한 이벤트는 공공사업, 즉 커다란 토건 공사를 기대하는 지역 경제의 요구에 부응하지 못했을지도 모른다. 홍보에서도 박람회라면 '오사카 박람회'밖에 모르는 여론의 영향을 너무 가볍게 생각했는지도 모른다. 애초의 구상을 일본 사회 속에 정확하게 침투시키지 못했다는 것도 문제였는데, 그것은 우리의 책임이고 반성할 점이기도 하다.

그러나 이와 같은 좌절을 거쳐 새롭게 깨달은 것이 있다. 만약 어떤 어려운 상황을 맞이한다고 해도 나는 디자이너로서 자신의 명확한 의도와 의지로 그 계획에 관여하고 싶다는 것이다. 나는 '핵 반대'라든지 '전쟁 반대' 등과 같이 어떤 것을 반대하는 메시지를 만드는 데는 흥미가 없다. 디자인은 어떤 것을 계획해나가는 상황에서 기능하기 때문이다. 환경 문제이건 세계화의 폐해 문제이건 어떻게 하면 그것을 개선으로 향하게 할 수 있을지, 한발이라도 그것을 바람직한 방향으로 이끌기 위해서는 무엇을 어떻게 하면 좋을지, 그런 긍정적인 생각으로 끈기를 가지고 구체적인 상황에서 디자인을 기능하게 하고 싶다. 그런 의미에서 나의 박람회는 아직 끝나지 않았다.

제8장 디자인 영역을 다시 구성한다

세계 그래픽 디자인 회의

2003년 10월에 '세계 그래픽 디자인 회의'가 개최된다. 회의 주체는 ICOGRADA 세계 그래픽 디자인 단체 협의회라는 조직이며, 회의 진행은 일본의 JAGDA 일본 그래픽 디자이너 협회가 담당하게 되었다. 그리고 이 회의가 우리들의 활동 방향을 좌우하는 커다란 계기가 되리라 직감한 디자이너들이 실행 위원이 되어 계획이 진행되고 있다. 테크놀로지의 발달과 함께 극심하게 흔들리는 사회와 세계 안에서 그 변화의 행방을 냉정하게 전망하고 싶다는 생각과, 그래픽 디자인이 이러한 새로운 상황 속에서 다시 자리매김해야 한다는 것이 이 프로젝트에 참여한 위원들의 공통된 인식이었다.

이 원고를 쓰고 있는 것은 2002년 11월인데 개최가 채 1년도 남지 않은 시점에서야 겨우 회의의 골격이 완성되었다. 1년 뒤 어떤 회의가 실현될지 예측하기 어려운 상황이다. 그러나 회의의 기획을 진행해나가는 디자이너들이 이 시기에 무슨 생각을 하면서 이 프로젝트에 참가하고 있는지는 중요한 문제이다.

회의가 열리는 것 자체는 중간 과정에 지나지 않는다. 미래의 디자인 사상의 내용을 구상하는 기획과 토의를 끝낸 뒤 그 성과를 어떻게 계승하고 발전시키는가 하는 점이야말로 이 프로젝트의 핵심이다. 따라서 여기서는 단순한 예고편이 아닌 프로젝트의 일환으로서 회의의 주변 상황에 대해 기술하고자 한다.

디자이너의 작업에는 직접 디자인을 실천하는 측면뿐 아니라 디자인이라는 영역을 사회의 적정한 장소에 재배치해가는 측면이 있다. '디자인'은 일본 사회 속에서는 왠지 표층적인 서비스로 그치기 쉽기 때문에 항상 그에 상응하는 기능과 위상을 주장해나가지 않으면 그 힘을 발휘할 곳을 얻지 못한 채 제대로 기능을 못 하게 된다. 또 사회에서 디자인의 역할이나 위상을 그대로 방치해두면 기능의 반복으로 일정한 장소에 뿌리를 내려 꼼짝달싹 못 하게 된다. 디자인은 지능이 아니라 사물의 본질을 찾아내는 감성과 통찰력이다. 따라서 디자이너의 의식은 사회에 대해서 항상 민감하게 각성하고 있어야 한다. 그러한 의미에서도 시대의 변화와 함께 디자인의 영역을 뒤흔들어 디자인을 세상의 적정한 장소에 재배치해나갈 필요가 있다.

지금까지는 그래픽 디자이너라고 하면 포스터를 만들거나 마크를 디자인하거나 하는 직업적 재능만을 생각해왔다. 그러나 본래 디자이너는 그와 같은 단순한 역할의 직능이 아니다. 오늘날 미디어의 다양화, 정보의 양과 속도의 증가에 따라 디자이너가 일하는 장이라고 할 수 있는 커뮤니케이션 환경이 크게 변화하고 있다. 그에 따라 디자이너의 수비 범위는 필연적으로 확대될 것이며 그러한 상황에 맞추어 커뮤니케이션이란 무엇인지, 정보란 무엇인지, 나아가 디자이너의 기능이란 또 무엇인지에 대해서 기본적인 인식의 토양을 깔아 줄 필요성이 대두되고 있다. 그렇지 않으면 디자이너가 사회에서 짊어지고 나가야 할 본래의 역할이 희미해지고 말 것이다.

전후 그래픽 디자인은 시대의 분기점이 도래할 때마다 제 역할을 다해왔다. 어떨 때는 포스터가 세상의 형편을 비추는 거울로서 높은 인기를 누렸으며, 심벌마크의 효과적인 운용은 사회의 흥미를 불러일으켜 디자인의 힘을 증명해 보였다. 그러나 포스터나 CI는 어디까지나 하나의 표현 방법에 불과하며 그 자체가 디자인의 목적은 아니다. 시기에 따라서 최적의 방법을 선택한 결과로서 어떨 때는 포스터가 활약하고 또 어떨 때는 심벌마크가 힘을 발휘했다. 한때 성공을 이룬 특정 스타일은 주목을 받으면 받을수록 본질과는 멀리 떨어진 곳에서 대중화되어 점점 사라져 가게 된다. 그래픽 디자이너 자신도 스스로를 어필할 때 포스터나 마크를 지나치게 많이 사용했던 경향이 있다. 결국 그것들이 새로운 시대의 커뮤니케이션에 어울리지 않게 되었을 때 그래픽 디자이너도 함께 퇴색되어 보인다.

물론 문제는 포스터나 마크에만 있는 것이 아니다. 상품 디자인도 웹 디자인도 모두 마찬가지다. 단순 기능을 패키지화한 서비스는 간단하게 손에 들어오는 '두통약'이나 '위장약'과 같은 것이리라. 가벼운 증상이라면 효과가 있을지 모르지만 본격적인 병이라면 효과가 있을 리 없다. 디자이너는 본래 커뮤니케이션의 문제를 다양한 미디어를 통한 디자인으로 치료하는 의사와 같다.

따라서 머리가 아프다고 두통약을 원하는 환자에게 간단히 그것을 손에 쥐어 주어서는 안 된다. 진찰을 해보면 그곳에 중대한 병이 숨어 있을지 모른다. 어쩌면 수술이 필요할지도 모른다. 그것을 발견하여 최선의 해결책을 제시하는 것이 디자이너의 역할이다. '두통약'을 파는 일에 정신이 없는 디자이너는 값싼 두통약이 등장하면 당황하고 허둥거리게 되고 만다.

여하튼 디자이너는 상황으로부터 단절되어 패키지화된 디자인을 공급하는 직능이 아니다. 만약 그러한 착각이 사회에 퍼져 있다면 우리는 그것을 불식시켜야 한다. 당연한 일이지만 모든 커뮤니케이션, 모든 미디어에 디자인은 유효하다. 커뮤니케이션에 관여하는 디자이너의 일은 사물의 본질을 파악하여 그에 어울리는 정보의 형태를 알리고 최적의 미디어를 통해서 그것들을 사회에 유통시켜 나가는 것이다. 낡은 미디어에 집착하는 자세도, 새로운 미디어를 고집하는 자세도 모두 부자연스럽다. 마셜 매클루언Marshall McLuhan의 말 그대로 미디어는 분명 메시지이며 새로운 미디어에는 새로운 커뮤니케이션 감각과 지식이 깃들어 있을 것이다. 그러나 미디어 그 자체에 창조성의 근거를 맡기려는 것은 사물의 본질을 무시하는 발상이다. 디자인은 어떤 상황 어떤 미디어 속에서도 동등하게 기능을 한다. 미디어가 진화한다면 그와 함께 디자인도 진화한다.

우리 주변의 커뮤니케이션 환경을 상기해보았으면 한다. 기술의 진보에 보조를 맞추기 위해 새로운 미디어 속에서 디자인의 가능성을 모색하는 움직임이 매우 활발하게 이루어지고 있다. 디지털 미디어가 가진 인터랙티브적 성격은 정보의 수신과 발신의 주체를 어지럽히고 그에 동반되는 커뮤니케이션의 습관이나 매너도 변화시키고 있다. 컴퓨터의 보급과 극소형화는 컴퓨터가 우리 주변의 모든 것에 편재하는 '유비쿼터스 사회'로의 논의를 활발하게 한다. 그러나 테크놀로지에 농락당한 현대인의 생활은 쾌적함과는 거리가 있고 오히려 스트레스가 많아진다. 테크놀로지에 지나치게 영합하여 발달과 변화에 과민한 반응을 보이는 '정보 과민증', 혼란한 상황이 싫어 테크놀로지에 거부 반응을 일으키고 마는 '정보 불안증'과 같은 현상이 횡행한다. 한편 테크놀로지는 그런 상황을 아랑곳하지 않고 점점 앞으로 나아간다. 우리는 이런 환경에서 커뮤니케이션 디자인과 마주하는 것이다.

　　냉정하게 주변을 바라보라. 스트레스 없는 쾌적한 커뮤니케이션을 갈구하는 목소리가 들리지 않는가. 우리는 그것을 찾아내기만 하면 된다. 디자인은 바로 그곳에서 제 역할을 찾을 수 있을 것이다.

　　신문 광고도 패키지 디자인도 북 디자인도 CI도 그 자체가 없어지지는 않는다. 그러나 미디어의 확장이나 커뮤니케이션 환경의 변화와 더불어 그 의미는 미묘하게 변해간다. 디자이너는 그 변이를 냉정하게 관찰하여 더 유연한 발상 속에서 그것들을 재편성하면 된다.

　　광고 프로모션, 제품 디자인, 공간 디자인, 환경 디자인,

브랜드 이미지 관리, 정보의 편집 디자인, 웹 디자인, 인터랙티브 디자인, 경험 디자인, 친환경 디자인 등 오늘날 디자인의 활동을 형용하는 언어도 다양해졌다. 그러나 그와 같은 얄팍한 언어의 유행과는 반대로 '디자인'이라는 행위의 본질은 하나다. 오늘날 디자이너에게는, 이 본질을 인식한 후 어떠한 형태로 현대 사회에 관여해나갈 것인가 하는 '자신의 직능과 사회와의 관계'를 재인식하는 것이 필요하다. 또한 그러한 개념적 확장에 대처할 수 있는 새로운 디자인 영역으로 시선을 돌려 각 디자이너가 스스로의 방법을 통해 자기 것으로 만들어 나가야 한다. 실제로 디자이너들은 빛을 향하는 짚신벌레와 같이 본능적으로 새로운 상황에 대응하는 활동을 시작했다.

세계의 많은 두뇌와 감성이 서로 만나는 디자인 회의는, 그와 같은 디자인과 사회의 새로운 관계를 확인하는 절호의 기회이기도 하다. 먼저 디자이너 자신이 디자인의 본질을 확인하고 새로운 사회 상황 속에서 그 역할을 재인식하는 것, 그것이 회의의 목적이다. 그것은 디자인이 더욱 충실한 형태로 사회에 받아들여질 수 있는 바탕을 다시 쌓는 작업이다. 그곳에서 확인된 새로운 상호 관계 속에서 '디자인'은 더욱 높은 곳을 향하여 진화할 것이 틀림없다.

디자인의 각성

그런데 '디자인 회의'란 원래 무엇일까? 세상에는 이런저런 디자인 회의라는 명목을 내걸고 말하기 좋아하는 문화인이 모여 펼쳐지는 이벤트가 지나치게 많다. 이렇게 되면 회의의 개최 그 자체가 하나의 사업이 되고 목적이 되고 만다. 토의를 해야 하는 절박한 문제가 있는 것도 아닌데 '회의'가 열리다 보니 사람들은 '회의'를 점점 속 편한 문화 이벤트로 인식하게 되고 말았다.

그러나 회의는 그런 지적인 오락성 이벤트가 아니다. 문뜩 내 머리에 떠오르는 회의가 하나 있다. 회의 그 자체에 필연성이 있고 참가함으로써 주제에 관한 깊은 이해가 생겨나고 많은 자극과 창조성을 주었을 것 같은 그런 회의. 1960년 도쿄에서 개최된 '세계 디자인 회의'가 바로 그것이다. 이 회의는 건축, 그래픽, 제품 등 다양한 디자인 영역에서 세계적으로 실력 있는 강연자를 초빙하여 개최되었다. 그 회의의 기록을 보고 있노라면 참가자들의 긴장감이 고스란히 전해져 온다. 일본에서 처음 열린 세계 디자인 회의였으니 참가자들과 강연자들 모두가 얼마나 긴장했을까. 팽팽한 긴장감이 기록에서도 느껴진다. 아마 여기서 다루어지고 수용된 '디자인'은 그 후 이 디자인을 토대로 발전해갈 수 있었던 수많은 사람들을 각성시키고 용기를 북돋워 주었을 것이다.

그 내용을 세세히 살펴보면 강연과 분과회가 모두 충실한 내용이었지만 특히 회의의 구성이 매우 의욕적이었다. 정해진 시간에 강연자가 단독으로 하는 강연이 아니라 각 섹션의 결과 하나하나가 다음 섹션으로 이어지고 많은 분야 사람들의 토의가 축적되어 서로 사고를 교차시켜 나갈 수 있도록 구성되었다. 아마도 디자인이라는 지식의 영역을 성립시키는 다양한 사고방식이 이 구성을 통하여 생생하게 드러나지 않았을까. 조형의 영역을 훨씬 뛰어넘는 사고의 확대가 '디자인'이라는 개념을 크게 확장시키고 참가자들의 마음까지 흥분시킨 것은 아닐까.

상황은 다르지만 우리 또한 디자인에 대하여 생각해야 할 국면에 놓였다. 변화는 테크놀로지의 진전으로 그치는 것이 아니다. 세계 경제의 새로운 국면, '문명의 충돌', 그리고 지구와 인간의 관계에서 비롯되는 다양한 문제 등 사물의 근간을 이루는 사회적 배경과 환경이 크게 변화하고 있다. 나는 이런 새로운 상황 속에서 디자인을 생각하고 싶다. 2003년의 회의, 그곳에서 벌어지는 일들을 눈을 크게 뜨고 지켜본다면 그 단서를 찾을 수 있을 것이다.

디자인과 정보

그렇다면 2003년의 회의는 과연 어떤 회의가 될 것인가? 제일 먼저 생각한 것은 '정보'에 대한 디자이너의 인식을 깊게 하는 것이다. 커뮤니케이션에 관여하는 디자이너가 다루는 것은 '정보'라는 의식이 차츰 뚜렷해지고 있다. 그러나 정작 이 '정보'가 무엇인지

잘 모르겠다. 과연 정보란 무엇일까? 또 그래픽 디자이너가 다루는
정보는 대체 무엇이란 말인가?

　　우리는 정보 과학자나 기술자가 아니다. 따라서 똑같은
'정보'를 다룬다고 해도 그것을 접하는 지점이 다르다. 그래서
이런 식으로 생각해보았다. 디자이너가 관여하는 이상, 정보는
'제품'이라고 할 수 있다. 만약 정보를 제품이라고 가정한다면
전기 면도기에도 품질이 있듯이 정보에도 품질이 있을 것이다.
이 '정보의 질質'을 높임으로써 커뮤니케이션에 효율이 생겨나고
감동이 발생한다. 즉 '정보의 질'을 조절함으로써 그곳에 '힘'이
태어나게 되는 것은 아닐까. 미국의 정보 공학자 리처드 솔 워먼의
말을 인용하면 '정보 디자인의 골인 지점은 그 사용자에게 힘을
주는 것'이라고 한다. 어떤 정보가 이 세상에 널리 알려지거나 어떤
장소에 사람들이 몰려들거나 또 어떤 정보가 사람의 마음을 강하게
움직이거나 어떤 상품이 많이 팔리거나 하는 배경에는 이 힘이
작용하고 있을 것이다. '정보의 품질'을 높임으로써 발생하는 힘은
정보를 받아들이는 이의 이해를 빠르게 하는 작용을 한다.

　　디자이너가 관여하는 부분은 정보의 '품질'이며 그 '품질'을
제어함으로써 '힘'이 태어난다. 그것은 재빨리 전달되거나
대량으로 저장되는 등의 '속도'나 '밀도' 그리고 '양' 등의
관점만으로 실현되는 힘이 아니다. '얼마나 알기 쉬운가?' '얼마나
쾌적한가?' '얼마나 부드러운가?' '얼마나 감동적인가?' 등의
척도를 통해 정보를 바라보는 시점이야말로 디자이너가 정보를

접하는 포인트이다.

최근 뇌 과학 분야에서는 생리적인 접근이 아니라 '지각 정보의 품질', 즉 '퀄리아qualia, 개인의 고유 감각'에 관한 연구가 활발해지고 있어, 디자인 영역에서의 정보 접근 방법과 과학 영역에서의 접근 방법이 비슷해지고 있다. 그러나 '질'의 차이를 조절함으로써 '감동'이나 '효율'을 만들어내는 기량에 관해서는 디자이너가 한 수 위일 것이다. 이런 점에서 본다면 디자이너의 지성이란 바로 정보를 평가하고 다룰 수 있는 능력이며 '정보의 질'을 제어함으로써 만들어지는 힘을 가려내는 눈이다.

정보의 미

디자이너가 정보에 관여하는 포인트는 '질'이다. 그러한 관점에서 회의 주제를 '정보의 미美'라고 하였다. '정보'도 '미'도 정의하기 매우 어려운 단어이다. 그러나 그것을 알면서도 일부러 '정보'에 '미'라는 개념을 조합시켜 보았다. 주제의 역할은 무엇인가를 정의하는 것이 아니라 왕성한 사색을 발생시키는 촉매로서 작용하는 것이다. '정보의 미'라는 주제는 그러한 의미로 신선한 이미지를 환기시키는 힘이 있다고 판단했다. 다만 맹목적으로 '정보의 미'를 숭배하는 것만으로는 그곳에 도달할 수 없다. 에베레스트 정상에 도달하는 데도 등산 루트라는 길이 있다.

따라서 우리는 '정보의 미'라는 정상으로의 접근 루트로서 다음과 같은 세 개의 길을 설정했다.

그것은 '쉬운 이해' '독창성' '해학'이라는 세 갈래 길이다.

쉬운 이해

'쉬운 이해'는 정보의 질에 기본 바탕이 된다. 가령 정보의 내용에 매우 중요한 가치가 있다고 해도 이해하기 어려운 형태로 되어 있다면 그것은 질 높은 정보라고 할 수 없다. 디자이너가 할 일은 정보의 핵심을 누구나 섭취하기 쉬운 상태로 친절하게 정리 정돈해주는 것이다. '쉬운 이해'라는 조건을 만족하기 위해서는 '안다分かる'라는 것과 '알고 있다分かっている'라는 것 그리고 '알지 못한다分かっていない'라는 것에 대해서 먼저 이해한 뒤 침착하고 냉정하게 '안다'를 실현하는 과정을 모색해나가는 능력이 필요하다. 이것은 정보에 질을 가져다주는 중요한 요소이다.

독창성

'독창성'이란 이제까지 누구도 하지 않은 신선한 방법으로 정보를 표현하는 것이다. 정보는 이해하기 쉬워야 하지만 그것만으로는 사람들의 의식에 가까이 다가서기 어렵다. 창의적인 표현이 정보에 부가됨으로써 사람들은 그것에 흥미를 나타내고 감동하고 또 그 정보를 존중한다. 이것을 어렵게 생각할 필요는 없다. 디자이너는 지금껏 이 부분에서 정보의 질에 공헌해왔기 때문이다.

해학

해학이란 지극히 높은 정밀도를 가진 '이해'가 성립되어 있는
상태를 나타낸다. 인간은 내용을 이해할 수 있어야만 웃는다.
내용을 파악할 뿐 아니라 그것을 또 다른 각도에서 감상하는
여유를 가졌을 때 비로소 웃음이 발생한다. 예를 들어 패러디를
떠올려보자. 패러디는 어떤 사물이나 인물에 대한 일종의
비평이지만 그곳에 웃음이 발생하고 있다는 사실은 비평 그 자체가
이미 깊은 이해에 도달했다는 증거이다. 만담이나 풍자만화 역시
이와 비슷하지만 일상적인 커뮤니케이션의 수단으로서도
'해학'을 사용하고 있는 사람들은 정보의 이용자로서는 상당한
경지에 이른 사람이라고 할 수 있다.

물론 '정보의 미'에 도달하는 길은 이 세 가지 이외에도 얼마든지
생각할 수 있다. 또 이 세 개의 길은 소위 말하는 '해답'과 같은 것이
아니다. 이것들을 정보의 미를 지탱하는 3원소처럼 생각해서도
안 된다. 이것은 어디까지나 가상의 접근 루트이며 디자인 분야를
뛰어넘어 가급적 많은 방향에서 '정보의 미'에 참가할 수 있도록,
어느 방향에서 바람이 불어와도 대응할 수 있게 각도를 바꾸어
설치한 세 개의 활주로와 같은 것이다. 되도록 다양한 문화 배경을
가진 사람들의 시점 또는 생명 과학자나 우주 비행사, 전통문화
계승자 등과 같은 다양한 분야의 시점을 모아 그러한 실마리를
가지고 정보의 질에 대해 다루고 싶다. 이것이 이 회의를 기획한

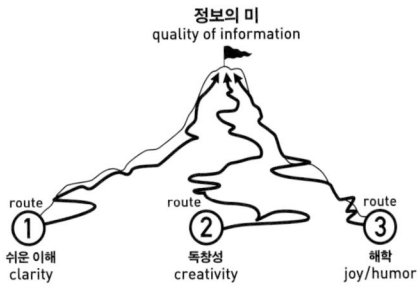

정보의 미
quality of information

route ① 쉬운 이해 clarity

route ② 독창성 creativity

route ③ 해학 joy/humor

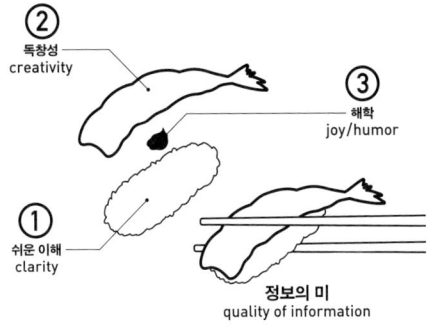

② 독창성 creativity

③ 해학 joy/humor

① 쉬운 이해 clarity

정보의 미
quality of information

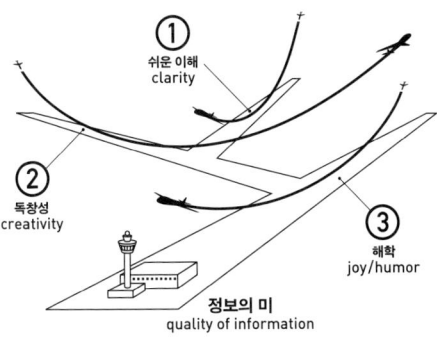

① 쉬운 이해 clarity

② 독창성 creativity

③ 해학 joy/humor

정보의 미
quality of information

디자이너들의 생각이다. 커뮤니케이션 디자인은 테크놀로지와
함께 진화하지만 동시에 사상의 영역도 크게 확대되어야 한다.

생명 과학과 미

정보 사회에 뛰어난 모델을 제공하는 것으로 근래 '생명' 시스템이
화제가 되고 있다. 생명 과학이 규명해가는 시스템은 고도로
발달한 정보의 생성과 전달 시스템이다. 생명이 무엇인가에 대해
아직 명확한 정의를 내리지는 못하지만 생명체는 정보를 복제하고
계승하고 보존하기 위한 놀라운 시스템이라는 사실이 분명해지고
있다. 지속 가능한 인류 사회의 활동을 거시적으로 보면
혹시 하나의 생명체가 생존해나가는 양상과 같지 않을까 하고
상상하게 된다. 고도화하는 컴퓨터 사회, 디지털 미디어의
진화는 인간 사회의 움직임을 점점 더 생명 현상과 닮게 만들어
가는 것은 아닐까. 생명이나 자연이 어떤 형질로 형성되어 갈 때의
질서 체계를 바이털 뷰티vital beauty라고 하는데, 생명 과학으로
규명되는 생명의 질서와 같은 것이 고도 정밀화 사회에
좋은 모델이 되리라는 생각이 들기 시작한다. 다치바나
다카시立花隆가 지적한 대로 21세기는 생명 과학과 정보 기술이
이끌어 가는 시대일 것이다.
　　겁 없이 정서적 표현을 쓴다면, 생명은 미와 깊은 관계가

있는 듯 보인다. 생명의 탄생 이래 생명 활동, 즉 정보의 생성과
전달 그리고 보존 과정의 수없는 반복은 생명을 다양한 형태로
진화시켜 왔다. 거기에 담겨 있는 형질이 아마도 정보의
최적인 형태, 즉 '정보의 미'를 생각하는 데 매우 중요한 암시를
주는 것은 아닐까.

　　한 마리의 오징어는 하나의 생명이며 엄청난 정보의
집적체이다. 바다를 유영하는 이 반투명의 생명체를 바라보고
있노라면 이상하게도 감개무량해진다. 나도 모르게 신비적이라는
형용사를 사용하고 싶어진다. 그러나 그 감동은 오징어라는 하나의
형태에서 오는 감동이 아니다. 오징어라는 생명은 그것이 접하는
환경이나 다른 생명과 긴밀하게 관계하고 있다. 따라서 오징어를
보는 우리는 그곳에서 모든 생명과 환경과의 관계를 본다. 시간을
축으로 생각해 본다면 오징어 DNA가 태고로부터 미래로 끊임없이
계승해가는 위대한 정보의 흐름 같은 것이 느껴진다. 오징어는
세계와의 모든 관계를 한 몸에 집약해 유영하고 있다. 수많은
생명 현상의 반복이 오징어의 형질로서 결실을 맺는다. 그 형질에
'미'라고 부를 만한 광채가 느껴진다면, 생명과 환경의 위대한
연쇄 작용이 절묘한 균형을 이루며 집약되어 있기 때문이 아닐까.

　　식물은 생식을 위하여 수억 년에 걸쳐 '꽃'이라는 형질을
만들어냈는데, 보는 이에게 특별한 심상을 유발하는 '꽃'이라는
형질은 왜 그렇게 다양하게 존재하는 것일까? 산호충의 잔해가
100년, 1,000년 퇴적되어 산호초를 만들고 그 산호에 모여드는

물고기들의 몸에는 갖가지 색채가 무늬를 자아낸다. 산호가 자아내는 정교한 조형의 의미는 무엇일까? 물고기 몸에 나타나는 무늬의 의미는 무엇일까? 나비는 날개에 요란한 무늬가 있는데 그것은 왜일까? 수많은 고기 떼는 무리를 이루며 치밀하게 제어된 패턴을 민첩하게 그려 내는데, 이 패턴은 단순한 무리의 이동에 지나지 않는 것일까, 아니면 어떤 메시지를 담은 시각적인 퍼포먼스일까? 아마 이같이 삼라만상의 모든 형태의 근거는 다른 여러 생명과 환경과의 절묘한 균형 속에 있을 것이다.

이처럼 생명이라는 것으로부터 '정보의 미'에 대한 단서를 찾아낼 수 있을지 모른다. 생각해 보면 현대 예술은 이미 오래전부터 '미'를 다루지 않게 되었다. 정보의 형성에 '미'의 개념을 받아들인다면 아마도 현대 예술과는 다른 가치 체계 속에서 그 기초가 마련될 것이다. 테크놀로지가 일으킨 새로운 미의 문제가 곧 '정보의 질'의 문제라는 것은 미를 모색하는 사고가 생명 질서의 구조에 접근해가는 것에 대한 암시가 아닐까. 물론 맹목적으로 자연을 미화하고 자연 숭배를 제창하는 것은 아니다. 정보의 미를 생각해가는 하나의 과정으로서 생명 과학과 연계되는 시점이 있을지도 모른다는 이야기를 하는 것이다. 혹시 이러한 관점이 정보의 질을 생각하는 데 어떤 사고의 흐름을 만들 수 있지 않을까. 이 회의가 그 전조가 될 수 있었으면 하는 바람이다.

정보와 디자인을 둘러싼 세 가지 개념

마지막으로 몇 가지 용어를 정리하고자 한다. 이 책에서는
'커뮤니케이션 디자인' 그리고 '비주얼 커뮤니케이션 디자인'
나아가서는 '그래픽 디자인'이라는 용어를 상황에 맞추어
다른 개념으로 사용해왔다. 이 세 개의 단어는 비슷한 내용을
가리키지만 의미에 미묘한 차이가 있다.

커뮤니케이션 디자인

커뮤니케이션 디자인은 정보 디자인을 가장 넓은 의미로
해석하여 파악하는 방법이다. 앞에서 설명한 바와 같이 생명
활동도 커뮤니케이션 개념으로 파악할 수 있으며 전반적인 정보
테크놀로지도 기본적으로는 커뮤니케이션 개념으로 파악할
수 있다. 커뮤니케이션 디자인은 특히 디자인의 영역을 다른
커뮤니케이션 영역과 비교하거나 유추할 때 그 발상을 비약적으로
넓혀 준다. 이 단어를 사용하여 세계를 바라보면 매우 광활한
영역을 조망하는 시점을 가질 수 있다. 나아가 현재는 하나의
커뮤니케이션 시스템과 다른 커뮤니케이션 시스템을 서로
연계하는 인터커뮤니케이션이라는 개념도 중요하다. 그런 의미로
비주얼이건 그래픽이건 넓게는 이 개념에 포함된다.

비주얼 커뮤니케이션 디자인

비주얼 커뮤니케이션 디자인은 '시각 전달 디자인'으로 직역할 수 있는데 다시 말해 시각 영역의 디자인이다. 그러나 기본적으로는 모든 디자인 영역에 시각적인 측면이 있으므로 좁은 의미로 비주얼 커뮤니케이션이라는 분야가 독립하려면 더욱 명확한 대상 영역의 특정이 필요하여 그 대상은 보는 감각을 전제로 운용되는 여러 기호로 좁혀진다. 일반적으로는 시각 언어라는 말로 표현되는 내용이다. '언어'를 볼 수 있도록 하는 '문자'는 이 영역의 대상이지만 비주얼 커뮤니케이션이 언어에 관여하는 포인트는 언어성 그 자체가 아니라 문자의 시각성이 만들어내는 의미 체계를 다루는 '타이포그래피' 혹은 '구체시'와 같은 것이다. 사진이나 영상과 같이 언어적 체계를 갖지 않는 것의 의미 작용이나 '의미의 시각적인 단축 다이얼'로서 기능하는 픽토그램과 사인 시스템 혹은 심벌의 효과적인 운용을 기본으로 하는 VI 등도 좁은 의미의 비주얼 커뮤니케이션 영역에 포함된다. 그것들은 시각의 전달 효과를 전제로 많은 실천적인 성과를 가져왔다.

그러나 넓은 의미로 보면 비주얼 커뮤니케이션이 반드시 시각적인 것만 다루지는 않는다. 시각 속에 다른 감각이 포함되어 있는 한 인간의 센서로 감지할 수 있는 모든 감각이 포함된다. 따라서 새로운 테크놀로지와 관련해서 넓게 이 분야를 다루고자 한다면, 그것은 컴퓨터를 표현 도구로 정의하는 좁은 의미의 비주얼 디자인을 뜻하는 것이 아니라 컴퓨터나 정보 테크놀로지를 통해 확대되는 시각성을 통하여 인간이 그 신체성과 감각을 어디까지 확장시킬 수 있는지 관점을 다루는 단계에 있다고 생각한다. 정보를 시각적으로 제어함으로써 발생하는 힘의 양상을 탐구하고 그 성과를 정보 전달의 질을 향상시키기 위하여 운용하려는 시점이, 넓은 의미의 비주얼 커뮤니케이션 디자인이다.

그래픽 디자인

그렇다면 그래픽 디자인이란 무엇일까? graphic이란 직역하면 '그림과 같은'이라는 뜻인데, '그림'이란 오늘날의 개념으로 바꾸어 보면 '繪'보다는 '圖'라는 표현이 더 적확한 것 같다. '그림'이란 '바탕'에 대비되는 개념, 즉 무의미한 카오스와 같은 배경으로부터 솟아나는 '의미 있는 형질'을 말한다. 카오스란 방영 시간 외에 텔레비전 모니터에 나타나는 화이트 노이즈와 같은 것이다. 또는 다양한 정보가 노이즈처럼 날아다니는 정보의 바다도 카오스이다. 그 속에서 의미 있는 형질이 솟아오른다. 그것이 그림이다. 이 그림이 인류의 오랜 역사에 걸쳐 대부분 종이 위에서 전개되었기 때문에 그래픽 디자인이란 종이와 인쇄를 다루는 영역이라고 생각되어 왔다. 실제로도 그래픽 디자인은 종이와 인쇄 영역에서 커다란 실적을 남겨 왔다. 그러나 테크놀로지의 진화와 더불어 모니터 스크린을 비롯하여 모든 장소에 그림이 나타나게 되었다. 따라서 '그림' 즉 '의미 있는 형태figure'를 다루어 온 직능이나 기술은 모든 미디어로 확대되어 나갈 것이다.

이미 짐작했을지 모르지만 '그림'이란 '정보'라는 개념으로 바꿔 말할 수 있다. 정보란 노이즈의 바다에서 솟아오르는 의미로서의 그림이다. 따라서 '정보의 질'이란 실제로 그래픽 디자이너의 궁극적인 주제라고 할 수 있다.

우리는 자신의 직업을 '그래픽 디자이너'라고 칭해왔다. 그러나 현재와 같은 상황을 눈앞에 두고 이 호칭이 자신의 활동에 걸맞지 않게 되었다는 위화감을 느끼는 디자이너도 적지 않으리라. 그러나 '그래픽 디자이너'라는 명칭을 벗어던지고 다른 명칭, 예를 들어 '인터디서플리네리 디자이너interdisciplinary designer, 여러 분야를 연결하는 역할의 디자이너' 등으로 바꾼다는 발상도 그리 어울리지는 않는다. 새로운 명칭은 그 나름대로 뜻이 담겨 있을지 모르지만 시대의 흐름과 함께 퇴색되어 버린다. 쉽게 어떤 것을 버리고 다른 것으로 갈아타는 행위는 경솔하다. 테크놀로지의 변화에 따라서 그래픽 디자이너의 활동 영역이나 내용이 바뀐다면, 그 활동을 통해서 '그래픽 디자인'의 의미를 쇄신해나가는 것이 오히려 바람직하다. 즉 자신들의 활동을 통해서 그래픽 디자인을 새롭게 태어나게 하면 된다. 세계 그래픽 디자인 회의가 그 계기인 것이다.

말하고 싶은 내용에 따라서 '커뮤니케이션'이나 '비주얼' 등으로 언어와 개념을 구분하여 사용하고 있으나 '그래픽 디자인'이라는 말을 과거의 것으로 돌리지 말고 그 내용을 진화시키는 것이 중요하다. 그것은 동시에 '그래픽 디자이너' 자신의 진화를 의미하는 것이기도 하다.

VISUALOGUE

끝으로 세계 그래픽 디자인 회의의 또 한 가지 중요한 측면에
대해서 말해 두고 싶다. '정보의 미'는 토의의 주제이지만 회의를
진행하는 방법 자체를 커뮤니케이션의 시점에서 리디자인해
보자는 시도가 이 회의의 실천적인 주제로 설정되어 있다.
회의는 복수의 사람들이 모여 창조적인 토의를 진행하는 것이다.
이벤트로서의 회의는 그 토론을 청중이 시청할 수 있는 것인데
대부분 패널 토의와 같은 규정된 방법으로 이루어진다. 몇 명의
패널리스트가 단상에 올라 서로 토의하는 방법은 토의자도 청중도
나름대로 박진감 있는 토론을 체험할 수 있어 구성으로 본다면 잘
만들어져 있다. 그러나 이 외에도 창조적인 토의 방법은 얼마든지
고안할 수 있다.

　　　오늘날 영상 프레젠테이션은 테크놀로지의 진보에 맞춰
대단히 발달했다. 이것을 그래픽 디자인 회의다운 탐구심으로
새롭게 고찰하고 효과적으로 운용한다면 아주 새로운 회의 형식을
만들어낼 수 있으리라는 생각이 든다. '정보의 미'의 한 측면을
회의 그 자체의 형태로 실현해 보고 싶다. 우리는 이 시도를
'VISUALOGUE'라고 부르기로 했다. 이것은 'VISUAL'과
'DIALOGUE'를 합성한 조어로 '새로운 대화의 형태'라는 의미를
담았다. 새로운 테크놀로지를 사용하면서 가급적 스트레스가 없는
'VISUALOGUE'가 실현되기를 모두 손꼽아 기대하고 있다.

다시 걷기 시작하는 세대에게

이 계획의 골조를 만든 것은, 전후 일본 그래픽 디자이너의 계보로
말한다면 제5세대 디자이너들이다. 즉 전후 1세대가 그 기초를
다졌고 그 후 여러 세대를 거쳐 우리는 다섯 번째 그룹이 되는
것 같다. 이들 세대의 상호 관계는 다음과 같이 비유되곤 한다.
먼저 1세대가 갖은 고생을 하면서 곡괭이로 도로를 만들었고
2세대가 그것을 롤러로 튼튼하게 다져 포장을 끝냈으며 3세대는
그곳을 스포츠카로 쾌속 질주하였다. 이것은 1세대의 가메쿠라
유사쿠亀倉雄策가 3세대에 해당하는 이시오카 에이코石岡瑛子 등의
자유분방한 활약상을 평가한 말이다. 그래픽 디자인이라는
개념조차 없었던 세상에서 이 영역을 확립한 1세대의 에너지는
상당한 것이었으리라. 그런 세대의 눈으로 보면 경제 전성기의
일본을 거침없이 구가하던 3세대 디자이너들의 활약상이 오죽이나
눈부시게 보였겠는가. 그러나 시대는 계속 앞으로 나아가는
것이다. 나의 의견을 곁들여 도로 이야기를 계속한다면, 4세대는
자동차로 혼잡해진 도로를 오토바이로 지그재그로 질주하거나
또는 자전거로 상쾌하게 뚫고 지나가던 세대라고 할 수 있다.
그리고 5세대는 이미 정체 상태에 빠진 도로를 단념하고 다시
두 다리를 사용하여 초원을 걷기 시작하는 느낌이라고나 할까.
그러나 세대론이란 대체로 3세대 주변을 평가하는 것이 현실성
있다. 다섯 번째 이상의 세대가 되고 보면 이미 연륜과 같은 것이

새겨져 있을 뿐 한 세대 한 세대의 의미는 희박해진다. 더욱이
다섯 번째쯤 되면 오히려 자신들의 활동을 오리지널로서 다시
자리매김하려는 새로운 움직임이 나타날지도 모른다.

일본의 그래픽 디자인은 아무래도 일본 경제와 깊은
관련이 있으므로 신화적인 경제 성장의 절정기였던 1964년의
도쿄 올림픽이나 1970년의 오사카 박람회 그리고 '재팬 애즈
넘버원'이라고 칭송받던 1980년대 일본의 디자인은 쭉 뻗은 길을
질주한 일련의 디자인의 궤적이라고 해도 좋을 것이다. 그러나
새로운 균형의 세계 속에서 새로운 세기를 맞이한 지금, 우리는
선배들과 같은 길을 걷고 있다고 말하기는 어렵다.

오해를 부를지도 모르지만 어떤 의미로 그래픽 디자인
세계는 매우 잘 통괄되어 왔다. 선배 디자이너들은 확실한 직능
조직을 만들었고 개성적이고 자기주장이 강한 디자이너들을
융합하는 한편으로 그 실력을 사회에 능숙하게 펼쳐보였다.
올림픽이나 박람회 등의 국가 이벤트는 그래픽 디자이너의 존재를
세계에 인지시키는 계기로 활용되고 선배들의 존재에 파묻히는 일
없이 계속 새로운 인재가 발굴되어 왔다고 할 수 있으리라.
광고 대행사 등의 힘에 제어당하고 파벌 싸움으로 분할된 디자인
세계도 있다는 것을 생각한다면 디자이너가 독자적으로 디자인의
질이나 재능을 평가할 수 있는 환경을 가지고 있었다는 점에
대해서는 매우 건전했다고 평가해도 좋을 것이다. 그렇게
잘 만들어진 시스템이 일본 그래픽 디자이너의 선명한 세대층을

형성해온 배경이 되었다. 그러나 다시 도로로 비유해서 말한다면, 2세대 이후의 그래픽 디자이너들은 적어도 선배들의 길을 걸어왔고 그곳을 쾌속으로 질주하건 불량하게 질주하건 또 이탈을 계획하건 간에 결국에는 똑같았다. 즉 완성된 하나의 길에 의존하여 달려왔다는 것에는 변함이 없다. 그런데 세계는 이러한 그래픽 디자이너의 세대 변화보다 훨씬 더 큰 움직임과 변화를 보이고 있다. 선인들이 발견한 길에 의존하여 그것에 반항하거나 일탈을 시도하고 있을 때가 아니다. 새로운 상황을 마주 대하는 디자인과 그 사상을 다른 차원에서 발견해나가지 않으면 안 된다. 이 회의를 기획한 디자이너들은 제5세대로서 일본 그래픽 디자인의 전통을 계승하는 존재인 동시에 완전히 새로운 빛을 향하여 걸어가는 무리이기도 하다.

후기

이 책 『디자인의 디자인』을 쓰라는 권유를 받은 것은 4년 전의 일이다. 작가이면서 친구인 하라다 무네노리原田宗典의 그림책 디자인을 맡았던 것이 그 발단이었다. 나는 그의 그림책 장정과 레이아웃을 담당했고, 『백 명의 왕, 고집쟁이 왕百人の王様 わがまま王』이라는 그림책이 만들어졌다. 그때 어떤 이유에선가 디자인의 의미를 편집자에게 주장한 일이 있었다.

친구라서 하는 말이 아니라 하라다 무네노리의 그림은 매우 잘 그린 그림이었다. 따라서 제대로 살리기만 하면 충분히 매력적인 그림책이 완성될 것 같았다. 다만 책이라는 공간 속에서 '그림'은 그것이 놓인 위치나 여백의 적용 하나로 빛이 확 밝혀지는 듯 텍스트와 융합하기도 하고 반대로 쓸데없는 이미지를 넣어 텍스트를 엉망으로 만들기도 한다. 그런 그림의 힘을 해석하여 균형 있게 건축해나가는 작업이 레이아웃인 것이다.

하라다는 그림책의 레이아웃에 관해서 모든 것을 내게 일임한다고 했다. 경우에 따라서 그림을 잘라 새롭게 조합해도 상관없다고 했다. 이것은 나에 대한 사려 깊은 배려이고 신뢰의 표명이었으리라. 그런데 정작 나는 곤혹스러웠다. '맘대로 요리해도 좋다.'는 무한한 자유를 주는 듯하지만 실은 그렇지 않다.

입장을 바꿔서 생각하면 이렇다. 내가 시 한 편을 썼다고 하자.

서툰 글도 있겠지만 배치에 따라서는 빛나는 글이 있을지도 모른다.
그것을 시인에게 건네면서 문장을 서로 바꿔도 좋고 중간에서 끊거나
연결해도 좋으니 괜찮은 시집을 만들어 달라고 부탁한다. 아마도 시인은
곤혹스러워할 것이다. 아니면 아무 말 없이 그 일을 훌륭하게 해내고
그 훌륭한 시집을 내 눈앞에 내놓아 나를 부끄럽게 만들지도 모른다.

하라다는 작가이기 때문에 그런 쪽에 감각이 뛰어나다. 따라서
그림책이 완성된 시점에서 반드시 그런 사실을 눈치챌 것이다.
그러므로 편집자에게는 이 작업이 통상적인 레이아웃과는 사뭇 의미가
다르다는 사실을 처음부터 정확하게 말해 두는 편이 좋다. 그래서 편집
담당인 사카모토 마사노리坂本政謙에게 이 그림책으로 달성해야 할
디자인의 역할에 대해서 설명하였다. 그것이 발단이 되어 디자인이란
이 세상의 어떤 상황에서 필요하고 어떤 가치를 만들어내는가에
대해서 이야기를 조금 부풀려 말한 것 같다. 사회 속에서도 그림책
속에서도 디자인의 본질은 변함없으며 또 달성하는 역할도 비슷하다.
잠시 내 이야기를 듣고 있던 사카모토는 책을 써보지 않겠느냐고
제안해왔다. 편집자 역시 감이 좋은 사람이었다.

본격적으로 책을 의식하고 글을 쓰기 시작한 후로 1년 반이 지났다.
나에게 주어진 기회를 살리고 싶었지만 글 쓸 여유가 주어지지 않는다.

연재 수필 같은 것이라면 '마감일에 쫓기면서 글을 쓰다가 문득
정신을 차려 보면 신기하게도 글이 쌓여 있었다.'라는 일도 있겠지만
책 한 권을 완성하는 것은 전혀 다르다. 착수할 때까지 상당한 시간을
흘려보내고 말았다. 일부 이 책을 위해 쓴 글이 아닌 것도 있다. 제2장
'리디자인 – 일상의 21세기'는 게이오 대학의 강좌 '디자인 언어'에서
한 강의를 바탕으로 같은 이름의 책 속에 옮겨 놓았던 글을 가필하고
수정한 것이다. 또 제4장의 '지평선을 찾아서'는 아사히 신문의
'거리 풍경' 난에 게재된 것을 전재했다.

　　이 책은 디자인 관계자뿐 아니라 일반 사람들도 읽을 수
있도록 썼다. 본문에서도 설명했지만 조금이라도 많은 사람들이
디자인에 대한 의식을 가지게 할 수만 있다면 그것은 디자인에
있어서도 매우 고마운 일일 것이다. 그런 커뮤니케이션 역시
디자인이다.

　　한편 디자인에 흥미가 있어 그 입구 주변에서 어슬렁거리며
내부 모습을 살피고 있는 사람들에게도 꼭 권하고 싶은 책이다.
디자인이라는 세계는 뭐가 뭔지 쉽게 이해가 안 가는 구석이 있어
유행이나 트렌드와 더불어 사회 속을 둥둥 떠다니며 표류하는 듯이
생각하기 쉽다. 따라서 흥미가 있어도 자신의 일생을 맡기기에
두려운 세계라고 생각하는 것은 아닐까. 디자인 세계는 땅에 발을

붙이고 걸어갈 수 있는 세계이다. 흥미가 있다면 확실하게 땅을 밟고 들어왔으면 한다. 또 대학에서 학생들과 접하며 느낀 바로는, 감각으로서의 디자인이 아니라 언어로서의 디자인에 대한 욕구도 적지 않았다. 디자인은 매우 미세하고 섬세한 감각을 다룬다. 그렇기 때문에 그런 섬세함을 다른 이들에게 전하고 공유할 수 있는 언어가 필요하다. 이 책이 그런 디자인 언어에 귀를 기울이는 사람들과 교감할 수 있는 계기가 되기를 바란다.

언제부터인가 나는 자신을 '디자이너'라고 생각하게 되었다. 이 일을 처음 시작한 20년 전에는 그렇지 못했다. 자신은 직업으로 디자인을 하고 있지만 '디자이너'가 아니라 조금 다른 어떤 것이라는 생각을 갖고 있었다. 그렇게 생각하게 된 배경에는 사회 통념적 디자이너의 이미지, 즉 표현에 대해서 뛰어난 재능을 가진 아티스트가 아니라 '디자인이라는 개념에 종사해서 살아가는 사람'이라는 이미지가 내 마음 깊숙한 곳에 늘 있었기 때문일 것이다. 그런 당시의 기분을 전에 이런 식으로 쓴 적이 있다. "나는 디자이너이지만 디자이너의 '-너' 부분은 뛰어난 자질이 있다는 의미가 아니라 디자인이라는 개념에 '봉사하는 사람'이라는 의미이다. 마치 정원사를 가드너라고 부르듯 디자인의 정원을 청소하거나 손질하거나 하는 사람." 말하자면 아티스트라든지 크리에이터라는 존재와는 어떤 태도의 차이가 있어야만 나만의 자세로 디자인을 마주 대할 수 있을 듯한 기분이 들었던 것이다.

지금은 아티스트로서의 나와 연구자로서의 나를 모두 포함하여 스스로를 '디자이너'라고 생각한다. 디자인이라는 개념에 종사해서 살아가다 보니 여러 가지 것들을 포함할 수 있게 되었다. 글을 쓰는 행위도 또한 그 범주에 속할 것이다.

일본 디자인 센터 안에 '하라 디자인 연구소'를 설립한 이래 11년이 지났다. '연구소'라고 거창하게 부르고 있지만 이곳은 단순히 나의 작업장이다. 사고방식을 공유할 수 있는 스태프와 함께 의뢰받은 디자인을 착실하게 실천하는 장소이다. 처음에는 남아도는 시간에 가공의 디자인 프로젝트 시뮬레이션을 디자인 잡지에 발표하기도 했지만 이제는 그런 시간은 꿈꿀 수도 없다. 정원사처럼 식물이 성장하는 것을 지켜보면서 조용히 일할 시간이 주어지지 않는다. 공을 공중에 계속 던져 올리며 회전시키는 길거리 예인을 저글러라고 하는데 마치 그런 느낌의 나날들이 계속되고 있다. 공의 숫자는 세어 보지 않았지만 적어도 늘 공이 공중에 떠 있다. 그 시대의 속도나 밀도에 내 몸을 맞추지 않으면 절대 보이지 않는 것도 있고 여러 대상을 동시에 시야에 넣어야만 비로소 알 수 있는 세상의

움직임도 있다. 정신없이 분주한 상황에 부딪쳐 가는 것은 디자이너의
숙명이기도 하다. 스태프들은 그런 어려운 시간을 함께 지내고 있다.
이 사람들이 있어서 비로소 일도 책도 완성된다. 그들에게는 꼭 한번
감사의 말을 전하고 싶었다. 특히 연구소 문을 열 때부터 곁에서
나를 도와주는 이노우에 유키에井上幸惠에게 고맙다는 말을 하고 싶다.
당신 덕분에 하라 디자인 연구소는 어떻게든 꾸려갈 수 있었다고.

이와나미岩波 출판사의 사카모토 씨는 이 책을 쓸 기회를 준 것뿐만
아니라 마지막까지 꾸지람을 계속해준 점도 큰 도움이 되었다. 그에게
전화를 받을 때마다 아직 글쓰기에 들어가지 못한 상황에 대한
용서를 구하면, 이제 단념하려고 한다면서 몰아세운 적도 많았지만
디자인을 조금이라도 더 널리 사회에 알려 보자는 그의 말에 늘 다시
힘을 얻었다. 다시 한 번 감사의 뜻을 전하고 싶다. 그리고 마지막으로
늘 디자인만을 바라보는 나를 뒤에서 조용히 보살펴 준 아내에게도
감사의 말을 적어 두고 싶다.

2003년 9월

하라 켄야